The Lord and His Prayer

N.T.Wright

N.T.ライト

訳——島先克臣

イエスと主の祈り

待降節によせる説教

JN064106

ジュリアン、ロザムンド、ハリエット、オリバーのために

The Lord and His Prayer

by Tom Wright

主の祈り

天にいます私たちの父よ。

御名（みな）が聖なるものとされますように。

御国（みくに）が来ますように。

みこころが天で行われるように、

地でも行われますように。

私たちの日ごとの糧（かて）を、今日もお与えください。

私たちの負い目をお赦しください。

私たちも、私たちに負い目のある人たちを赦します。

私たちを試みにあわせないで、

悪からお救いください。

国と力と栄えは、とこしえにあなたのものだからです。

アーメン。

マタイの福音書6章9〜13節

＊訳者と発行社は著者の個人的見解のすべてを支持しているわけではありません。
＊原文にない訳者による注記は番号を付して欄外に示した。
＊必要に応じて理解の助けとなる補足を［　］内に加えた。
＊聖書の引用、固有名詞は、おもに『聖書 新改訳 2017』（© 新日本聖書刊行会）によった。書名は初出以外は略称を用いた。例：ヘブル人への手紙→ヘブル書→（ヘブ）

イエスと主の祈り

――待降節に寄せる説教――

もくじ

はじめに

（1）

　この本は、1995年の待降節[1]に、英国のリッチフィールド大聖堂で行われた連続説教から生まれました。そのため、その時と場所ならではの強調点があるのですが、時と場所を超えて受け止めていただけることを願っています。

　ここで本書の由来について、もう少し説明しておきましょう。

　私は、この10年間、大学でイエスの生涯についての研究をしてきましたが、その成果を研究者以外の人々と分かち合いたいと願ってきました。学術的なものを書きたかったのではありません。もし私の研究の結論が正しいならば、私が学んだことは、礼拝と証しという教会の歩みの中で実を結ぶことがふさわしいと思ったからです。

　イエスのメッセージは、神の国[2]の到来に思いを向けるようにと私たちを招いています。ところが「神の国」というテー

1　キリストの降誕を待ち望むクリスマスまでの4週間を指す。再臨を待ち望む意味でも使われる。著者の属する聖公会では「降誕節」と言う。教会暦では新年の始まり。
2　近代の国家ではなく、死後の天国でもない。神が王として地上を治めることを指す。「神の王国」「御国」「天の御国」も同じ意味。

マは大きく、また難解ですので、私は一つの小さな点に光を当てて神の王国について考えたいと思います。それは、イエスが教えた祈り、いわゆる「主の祈り」です。私たちは、実際はイエスの時代と同じように、不正と飢え、悪意と邪悪に満ちた世界に生きています。この祈りは、そのような現代の世界の中で、正義と日々の糧、赦しと解放を求めています。もし、この祈りがいまの世界に関係しないと思う人がいたら、新聞を読んでもう一度考えてみてください。

　イエスの歴史的背景を学べば学ぶほど、私にとってはっきりしてきたのは、「主の祈り」というものが、非常に凝縮された形ですが、イエスの歩みを完全かつ正確に要約している、ということでした。その歩みとは、イエスが時代のしるしを読んでそれに応え、自らの召しと使命を理解し、その召しと使命を分かち合うために弟子たちを招いたという歩みです。ですから、「主の祈り」はレンズのようなもので、私たちはこの祈りを通してイエス自身を見、イエスがいったい誰であったのかをいくらかでも発見できるのです。

　イエスが弟子たちにこの祈りを教えたとき、自分の息づかい、自分の命、自分の祈りを彼らと分かち合いました。じつはこの祈りは、イエスが自分の召しと天の父の目的をどのように理解していたか、そのエッセンスを見事に表しています。もし私たちが本当にこの祈りの中に入り、自分のものにしようとするならば、イエス自身がどのように神の王国を生き始めたかを、まず理解しなければなりません。

　本書の元となった連続説教で、私が「主の祈り」をテーマとした理由がもう一つあります。リッチフィールドの司教座聖堂参事会は 2 年かけて、「リッチフィールド大聖堂宣教計画」というものを策定しました。そこには私たちの行動指針の第一優先事項として、「大聖堂における祈りの生活を育成すること」と述べられています。これは、「御国の成長」と題されたリッチフィールド司教区の宣教計画と完全に一致しています。そしてその中で私たちの司教であるキース・サットンが、「礼拝と祈り」を私たちの目標の第一に掲げています。

　もちろん、大聖堂の任務の中心は、教区全体の祈りの原動力となることです。現在のゴシック様式の大聖堂は、サクソンとノルマンの大聖堂の跡地に建てられたもので、1995 年に800 周年を迎えました。私たちはこの記念式典の機会を用いて、さまざまな新しいプログラムを始めました。本書の元となった説教は、この一連の行事が最高潮に達した直後に始めました。それは、お祭りのような騒がしさと興奮が過ぎ、皆がほっと一息ついたときです。1995 年を締めくくるのに最もふさわしいのは、生活の中心にあると誰もが認めるもの、すなわち「祈り」に心を傾けることだと私は考えたのでした。

　心を傾けるべき祈りとして、イエスご自身が教えてくださった祈り以上のものがあるでしょうか？ この大聖堂では、サクソンの時代から数えると、1300 年近くもキリスト教の礼拝が捧げられてきました。もし私たちが、その歴史的事実に価

値があると考え、また驚くのであれば（確かにそれはすばらしいことなのですが）、2000年近く人々がこの「主の祈り」を捧げてきたという事実を、さらに大切にし、さらに驚くべきではないかと思います。この祈りの言葉を口にするとき、あなたは聖なる場所に立っているのです。

(2)

　祈りは、もちろん神秘です。いまや誰もがそう言うことでしょう。教職者を含む多くのキリスト者が、「祈りは難しく、祈りが何のためになるのかよく分かりません」と認めています。多くの人は戸惑いながらも、祈りの不可解さを漠然と受け入れ、そのため自分を二流のキリスト者であるかのように感じています。祈りについて尋ねられると、「えっ、祈りですか。それは教職の方々におまかせしています」と答える人がいるかもしれません。当の教職者は、「そんな堅苦しいことは、修道院の修道士や修道女にまかせます」と言う人もいるでしょう。すると修道会の誰かが、「全員が神秘主義者というわけにはいきませんよね？」と言うでしょう。

　確かにそうかもしれません。ところが聖書には、祈りは不可解で神秘的なものと感じさせる理由があるのです。「私たちは、何をどう祈ったらよいか分からない」［ロマ8・26］という、聖パウロの有名な一節です。しかしパウロはその箇所で、だからこそ私たちは神の霊に頼るのであり、そうして私たちは

生ける神と世界の痛みとの間に立つことができる、たとえ私たちには何が起こっているのかよく分からなくても、と語っているのです（ロマ8・18-27）。これによって、私たちは謙遜にさせられると同時に、励まされるはずです。

　祈りを真剣に探求する長い旅を終えた人も、「祈りはまだまだ大きな謎です。厳しい務めであるのに、はっきりとした報いがすぐに得られるとは限りませんし」と言います。しかし、同時に、鷲のように翼を広げて上り、栄光から栄光へと変えられる体験について語ることがよくあります。また、神はご自身を愛する者のために、人知を超えた良いものを用意しておられるという、心ときめく話を付け加えることもあります。この人たちはモーセのように、「未知の雲」の中に一度は包まれた人々で、顔が輝いていることに気づかずに戻ってきたのです。

　祈りに関するこのような謎を解明するためには、イエス自身が教えてくださった祈りから始めるのがいちばんではないでしょうか。もちろん「主の祈り」は、新約聖書のほかの部分と同様、厳密な歴史的・神学的分析にさらされています。私はそのような学問的な研究から多くを学びました。しかし、本書は学者の言葉を引用したり、さまざまな議論を述べたりするためのものではありません。そのような論議を知りたい方はヨアヒム・エレミアスの『イエスの祈り』（*The Prayers of Jesus* SCM, 1967 未邦訳）を読むとよいでしょう。ただし、研究

はさまざまな面で当時より進んでいます。

　また、大変便利な『アンカー・イェール聖書辞典』（*Anchor Yale Bible Dictionary* 未邦訳）にはJ. L. ホウルデンによる「主の祈り」についての良い記事があります。しかし、この祈りに関する重要な解釈の多くは、マタイとルカの注解書やイエス自身に関する書籍に含まれているので、そちらを参照していただきたいと思います。

　さて、皆さんはどのようにして祈りを始めますか？　優先順位ははっきりしていることでしょう。たいてい私たちは問題を抱えていて、神に解決してもらいたいと思っているからです。また、差し迫った必要もあって、それを神に満たしてもらいたいと祈ります。そのような祈りを捧げ終わるころ、私たちはもっと広い世界があることに気づくかもしれません。「中東問題や飢餓問題を解決してください」「ホームレスの人々を助けてください」というような。そこでもまた問題の解決を願うのです。

　しかし、今度は、より大きな世界があるだけではなく、より大きな「神」が存在することに気づくかもしれません。神は、私たちの問題を解決し、願いをかなえるためだけに天上にいる存在ではありません。まことの神、生ける神であり、私たちの父である方なのです。もし私たちがこの点を思い巡らすなら、私たちの優先順位がいつの間にか逆転していることに気づくでしょう。祈りの内容はそのままであっても、順番が

変化します。その変化によって、私たちの心はいらだちから祈りへ、心配から信頼へと変えられるのです。

「主の祈り」はこの変化、つまり祈りの内容ではなく、順序の変化が起こるようにデザインされています。痛みや飢えは現実ではないと言っているのではありません。ある宗教はそう言いますが、イエスは違います。また、神の偉大さや威厳を強調して、人間の苦しみを軽視するものでもありません。ある宗教はそうしますが、イエスはそうしません。

この祈りは、神に向かって親しみと愛を込めて「父」と呼びかけるだけではなく、それと同時に、神の偉大さと威厳の前に頭を垂れることから始まります。この二つの面をしっかりとつかむことができれば、あなたはキリスト教の本質を正しく理解し始めた、と言うことができるでしょう。

では、「主の祈り」を、四旬節 3 や待降節などの特別な時期に、あるいは、自分の祈りの生活を深めるために、どのように用いたらよいでしょうか。「主の祈り」について詳しく説明していく前に、ここで、三つの具体的な方法を提案したいと思います。

第一に、「主の祈り」を日々の祈りの枠組みにする伝統的な方法があります。「主の祈り」の各項目を心に留めながら、その項目に関連することを祈るのです。たとえば、「御国が来ますように」という項目を祈るときは、具体的な紛争など

3 復活祭前の40日間を指す。

を挙げて「世界の平和」を求めずにはいられないでしょう。大切なことは、あなたが祈っている人や心配している状況を、薬や音楽とも言える祈りによって包み込むことです。そうすれば、祈りに表された主の愛の癒しの光の中で、その人が、またその状況が、変えられていくのを目にすることができるでしょう。

　第二。「主の祈り」を、東方正教会の「イエスの祈り」と同じように用いる人がいます。呼吸のリズムに合わせて、ゆっくりと何度も繰り返すことで、この祈りが自然に身についていきます。忙しくてストレスの多い生活をしている私たちには、このような訓練は難しいかもしれません。しかし、そのような人こそ、心を落ち着かせ、心を養う「主の祈り」という薬を、意識の深いところに染み込ませることが必要です。今度、一人で車を運転するときに、ラジオを消して試してください。慣れるのに時間がかかるかもしれません。それでよいのです。

　第三。しばらくのあいだ、「主の祈り」の項目を一つずつ取り上げて、それを「きょうの祈り」にすることです。日曜は「私たちの父よ」。月曜は「御名（みな）が聖なるものとされますように」。火曜は「御国が来ますように」。水曜は「日ごとの糧をお与えください」。木曜は「私たちの負い目をお赦しください」。金曜は「悪からお救いください」。土曜は「国と力と栄え」。その日の項目を、祈りのテーマとして使うのです。その日、いつでもどこでも、その項目を用いて、出会う人、

自分がしていること、自分の周りで起こっていることのために祈ることができます。この「きょうの祈り」は、あなたが周りの世界を神の視点で見るためのレンズとなります。

　もちろん、「主の祈り」をグループや個人で用いる方法はほかにもたくさんあります。上記の三つの提案はほんの一例に過ぎませんが、それによって皆さんが、すでに持っておられる「主の祈り」という宝物のすばらしさを発見していただければと願っています。

(3)

　本書を、ジュリアン、ロザムンド、ハリエット、そしてオリバーに捧げます。この四人は、父親である私が説教をし、礼拝を導き、本を書き、講演のために家を離れ、また神学者がしなければならないことで多忙であり、そのため家庭生活に負担をかけても我慢してくれました。ここで、ささやかながら子どもたちへの愛と感謝を表したいと思います。

トム・ライト
リッチフィールド大聖堂にて

I
天にいます私たちの父よ

　私たちがキリスト者として真摯に生きようとしているなら、祈りについて学び、成長したいと思うでしょう。私たちがひざまずき、あるいはいつもの椅子に腰を下ろして祈るとき、また、歩きながら、あるいは通勤電車の中で祈るとき、私たちは何をしているのでしょう。実は私たちは祈りの神秘を求めています。神の語りかけに耳を傾け、それに応え、人生を導き照らす光に従おうとしています。私たちに注がれている神の愛を確信しようとしているのです。

　私たちがこのようなことを求めるのは、「自分だけでもひたすら霊的に成長したい」といった理由からではありません。もしそうであるなら、現代的で、消費主義的で、自己中心的な考え方を信仰に持ち込むことになります。そうではありません。私たちが祈るのは、生ける神を心の底から求めているからです。神を知り、神を愛したい、神を心から「父」と呼

べるようになりたい、と思うからなのです。

　ですから、この第1章で取り上げた「主の祈り」の最初の言葉は、私たちの出発点というよりも、私たちが目指すゴールを表していると言えるでしょう。私たちが努力した末に行き着くのは、この出発点であり、この出発点を知ることです。これは確かなことです。

　では、それはどういう意味でしょうか。私たちは洗礼を受けたとき、「主の祈り」が教えられ、私たち自身の祈りとなりました。それは一人ひとりにとっての特別な贈り物です。そして「主の祈り」は、確かに霊的幼な子である私たちの養育係となりました。しかしそれは、成熟したキリスト者が着るようにデザインされた服でもあるのです。私たちのほとんどは、週ごとにこの服を着るとき、自分にはまだ少し大き過ぎる、自分がもっと成長しなければ、と感じているでしょう。確かにキリスト者になるとすぐ、私たちは神に向かって「私たちの父」と呼べますし、呼ばなければなりません。それは恵みのしるしであり、信仰の最初の表れです。しかし、この言葉の本当の意味を理解し、心から共感するには、キリスト者として充分に成熟する必要があるのです。

　古代の多くの典礼や現代の一部の典礼には、聖餐式で「主の祈り」を唱える前に、厳粛な導入の言葉があります。それによれば、「主の祈り」を正しく心から唱えることは、私たちが完全に回心したキリスト者となっていることを示して

います。つまり、神が私たちのうちに始めた良い業を聖霊が完成させたことを示している、というのです。ところが、それは事実ではないことを知っているので、司祭は次のような言葉を加えます。「私たちの救い主であるキリストが私たちに命じ教えてくださったように、私たちは大胆にも唱えます……」。

言い換えれば、私たちはまだこの祈りを唱える資格を持っていないのですが、聖なる大胆さをもって、生ける神のまったき恵みと慈しみを、ずうずうしくも祝いつつ唱えることができる。本当に心からそれを意味するかのように「主の祈り」を唱えることができるのです。それはちょうど、子どもが兄のスーツを着て、生意気にも朝から兄の真似をし、いつの間にか兄のように成長していくことに似ています。

そしてそれは、「主の祈り」が私たちに求めていることです。「主の祈り」は、主自身の生涯と働きから直接生まれたものです。聖パウロとヘブル人への手紙の著者は、はっきりと主イエスを私たちの兄として描いています。

私たちは、賛美歌を歌うときも、信条を唱えるときも、そして祈りの中でも、イエスを「神の子」と呼びます。そうすることは正しいのです。ところが、それがイエス自身にとって何を意味するか、を考えることはめったにありません。イエスが神を「父」と呼び、弟子たちにもそうするように教えたとき、イエスの生涯に何が起こっていたのでしょうか?

神を「父」と呼んだ人はイエス以前にはいないと言われて

いました。また、ゲッセマネの園などで使われた「アバ」という言葉は、当時のヘブライ語やアラム語では幼い子どもの言葉である「お父さん」だった、とも言われていました。イエスはそのようにして、神との個人的な親しさを新しいレベルに引き上げて世界に示したのだ、と考えられていたのです。

この結論はある意味で正しいかもしれませんが、その根拠となった二つの点が疑わしくなっています。ユダヤ教でも他の宗教でも、神を「父」と呼ぶ人は多くいましたし、「アバ」という言葉は、幼い子どもだけではなく、もっと広く使われていたのです。では、イエスが神を「父」と呼んだことは、イエス自身にとって何を意味したのでしょう？

何よりも重要なことは、この「父」という言葉がイスラエルの召命、特にイスラエルの救いを一言で表している点です。これこそ、イエスがそもそも誰なのかを理解するための出発点です。ヘブライ語聖書の中で、神を父とする箇所が最初に現れるのは、出エジプト記です。モーセは、ファラオの前に大胆に出て行って立ち、次のように語りました。

「主はこう言われる。イスラエルはわたしの子、わたしの長子である。……わたしの子を去らせて、わたしに仕えるようにせよ」（出4・22-23）。

イスラエルが神を「父」と呼ぶのは、自由への希望を手放さないためでした。奴隷が子となるように召し出されたのです。

イエスが弟子たちに、神を「父」と呼ぶように告げたとき、

聞く耳のある人は理解できたでしょう。イエスは、新しい出エジプトの準備をするようにと私たちに望んでいたのです。「私たちはついに自由になる」。これが降臨節の希望であり、神の王国が到来するという希望です。暴君の支配が破られ、私たちは自由になるのです。

　　私の光が輝きながら来る
　　西から東に向かって
　　いまこそ、いまこそ
　　私は解放される[4]

　ですから、「主の祈り」の「父よ」という最初の言葉には[5]親密さだけではなく革命が、親しさだけではなく希望が含まれています。

　イエスの世界では、「父」という言葉には別の強い響きがあって、先ほど述べた御国をもたらす革命的な意味を強調しています。神はかつてダビデ王に約束しました。「神の民を治め、その王権が決して揺らぐことのない子どもが、ダビデの家系から生まれる」と。この来るべき王について、神は「わたしは彼の父となり、彼はわたしの子となる」とダビデに言われました（Ⅱサム7・14）。

　来るべき王であるこのメシアは、すべての民のための神の

4　囚人の解放をうたったと思われるボブ・ディラン「I Shall Be Released」からの引用。
5　ギリシア語の「主の祈り」では、「父よ」という言葉が最初に来ている。

約束を自らの内に集約していきます。そして、イザヤ書では、この約束がすべての神の民に開かれているとも述べられています。「渇いている者はみな、水を求めて出てくるがよい。……そうすれば……わたしはあなたがたと永遠の契約を結ぶ。それは、ダビデへの確かで真実な約束である」(イザ55・1、3)。

上記の二つの描写は一つとなります。つまり、「メシアの解放のわざによって、囚われの身であるイスラエルに自由がもたらされる」というものです。そしてイエスは、以上のようなメッセージのすべてを一つにして弟子たちに語ります。「これがあなたがたの祈りである。あなたがたは自由にされた民、メシアの民だ」と。

バビロンで捕囚となっていたユダヤ人たちは、長年、奴隷状態にいました。そして、解放の約束がいったいいつ成就するのかという切実な思いを抱きながら、出エジプトの希望にしがみついていました。後の預言の一つに、「たとえ、アブラハムが私たちを知らず、イスラエルが私たちを認めなくても、主よ、あなたは私たちの父です」(イザ63・16) と書かれています。つまり、国家としての希望が失われ、安心だと思っていたものが灰塵に帰してもなお、主が自分たちの父であるという事実をしっかり握りしめる。その事実が、人間的には希望がないところで、希望を与えるというのです。

「アッシリア、バビロン、ペルシア、ギリシア、エジプト、シリア、そしていまのローマ、いったい悪の専制政治はいつ終わるのか？ いつになったらイスラエルは自由になるのか？」。

　そのような状況に置かれていたほとんどのユダヤ人が確信していたのは、「神は新しい、しかも最後の出エジプトを備えて我らに自由を与えられる」ということでした。その約束を、過越の祭りで繰り返し祝い、詩篇で歌ってきたからです。また多くのユダヤ人が、「それはメシアが来るときに起こる」と信じていました。ですから「主の祈り」の最初の言葉には、「メシアによる解放の業が、いま、私たちに起こるようにしてください。私たちの父よ」という意味があるのです。

　そういうわけで、イエスの生涯と働き、また教えは、単に神についての普遍的で新しい概念を示すものではありませんでした。またイエスは、霊性の新しい形や深さを提供するために来たのでもありません。霊的な深さや刷新は、より大きな御業の一部としてもたらされるのです。その御業とは、悪から解放されること、捕囚から帰還すること、充分なパンを得ること、天にあるように地にも、神の王としての支配が来ることを意味しています。それが待降節 6 の示す御業の全体像です。

　イエスは大きなリスクを負って、この御業が自分の働きによって実現する、と言いました。そしてそのすべての御業が、この祈りの「父よ」という一語に表されているのです。

　イエスにとってそれは、信仰と召しという面で大きな賭けでした。御父がイエスを新しい働きに召したために、自らの

---

6 「はじめに」にあるように、この説教は 1995 年の待降節に語られた。

家や家族、また仕事という安全な世界を離れなければならなかったからです。イエスは漁師たちを、人間を取る漁師にしようと招きました。大工であるイエス自身も、真の出エジプト、悪に対する真の勝利を成し遂げるために木と釘〔十字架にかけられることを暗示〕を手にするよう召されました。神を「父」と呼ぶことは、単に心地良さや安心感を与えるものではありません。そこには、すべてを賭けるかどうか、という究極の問いが含まれていたのです。

　だからこそイエスはゲッセマネの園で、もう一度、神を「父」と呼びました。ヨハネの福音書でイエスは、「父と息子」のイメージを使って、自分のしていることを説明しています。当時の文化では、息子は父の見習いとなります。息子は父親の仕事ぶりを見て仕事を覚え、問題があれば父親がどのように取り組んでいるかを確認します。突然すべてが暗やみに転じたとき、イエスがゲッセマネでしていたのは、まさにそれでした。「父よ、この道でいいのですか？　これが本当に正しい道なのでしょうか？　私は本当にこの杯を飲まなければならないのですか？」と問うたのです。

　ヘブル書は大胆にも、御子が「苦しみによって従順を学」んだと述べています（ヘブ5・7-9、2・10-18参照）。私たちがゲッセマネで目にするのは、見習いの息子が、父はどうしているかをもう一度確認している姿です。そして、父と子が共に取り組んでいる大事業とは何でしょうか？　それは、イスラエルと全世界を、悪と不正、恐怖と罪から救い出すという

新しい出エジプトにほかなりません。

　ヘブル書のこの箇所に見られる大胆な点は、イエスもまた、私たちと同じように、神を「父」と呼ぶことの真の意味を学び続けた、ということです。そして、その学びのプロセスは、「父よ、わたしの霊をあなたの御手にゆだねます」（ルカ23・46）と言ったときに初めて完了しました。

　「父」という言葉によって私たちは、イエスのメッセージと使命に注意を向けることになるのですが、そのメッセージと使命は二重の意味で革命的なものです。第一はすでに述べたように、それが出エジプトのメッセージであり、暴君や抑圧者が恐れを覚えるようなメッセージだ、ということです。第二は、それは単なる人間による革命のメッセージではない、という点です。ほとんどの革命は新しい専制君主を生み出すのですが、この革命は違います。これは、父なる神の革命であり、御子の苦しみと死によってもたらされるものです。だからこそ、「主の祈り」の最後では、大きな患難からお救いくださいと祈るのです。

　患難からの救いは当然ながら、イエスが園で弟子たちに祈るように伝えたことと同じです。その革命は、メシアとその民が世界の痛みを分かち合い、痛みを担うことによってもたらされます。それは世界が癒されるためなのです。これが神の王国のメッセージであり、待降節のメッセージです。

　私たちがこのメッセージを伝える者となるためには、この祈りを学ばなければなりません。私たちも、神を「父」と呼

ぶことの意味を学ぶ必要があり、後になってその意味が分かっても驚いてはいけません。神が次に何をするのかを、私たちは絶対に予測できないからです。ですから、神を「父」と呼ぶことは、信仰と聖なる大胆さ、そしてリスクが伴う重大な行為なのです。

「私たちの父」と言うことは、生ける全能の神の前に歩み出て、「やー、お父さん」と言う大胆さだけではなく、「どうか私もあなたに見習う子どもとお考えください」と静かに言う大胆さも含みます。そして、そこには大きなリスクが伴います。神の王国のために自らを献げることを意味するからです。

イエスがこの祈りを私たちに教えたときに伝えようとしたのは、このことでした。ヨハネの福音書の最後で、イエスは弟子たちに言いました。「父がわたしを遣わされたように、わたしもあなたがたを遣わします」(ヨハ 20・21)。私たちは二つのアドヴェント（待降節）7 の間に生きています。つまり、御子がこの世に来られた最初の大いなるアドヴェント［初臨］と、御子が力と栄光をもって再び来られ、生ける者と死ねる者を裁かれる第二のアドヴェント［再臨］です。

待降節において、私たちはイエスの誕生を待ち望むと同時に、神がすべてのものを新しくして宇宙全体が奴隷状態から解放されることを待ち望みます。そのため、時にこの二つが混乱してしまいます。しかし、第一と第二の待降節が重なる

7 アドヴェント（待降節）の本来の意味は「到来」である。

という混乱は、まさにキリスト教そのものです。私たちはイエス・キリストにおいて、ファラオと紅海、罪と死に対する神の決定的な勝利を祝いながら、それと同時に、その決定的な勝利が完全に実現されることを期待し、そのために働き、待ち望み、祈るのです。

　毎回の聖餐式には、まさにこの緊張感が現れています。「ですから、あなたがたは、このパンを食べ、杯を飲むたびに、主が来られるまで主の死を告げ知らせるのです」（Ⅰコリント11・26）。私たちは、日ごとの糧を求め、天の糧を求めます。日ごとの赦しを求め、最終的な赦しを求めます。日ごとの解放を求め、究極の解放を求めます。神の王国をいま祝い、それがすぐに来るようにと祈ります。これが、神を「父」と呼ぶときに意味することなのです。

　このような意味で祈るとき、私たちはキリスト者の真の霊性を発見し始めます。神秘の世界に入るキリスト教的な道を、また未知の雲の中に入る勇気を見いだすのです。私たちが神を「父」と呼ぶとき、私たちは見習いの子として、痛みと闇の世界に踏み出すように求められます。私たちの周りにはそのような闇があり、私たちを恐れさせます。それは、自分の内側にある闇を想い起こさせるからです。

　そうなると、ニュース番組のスイッチを切り、世界の痛みを遮断し、自分たちだけの痛みのない世界を作りたい誘惑に駆られます。現代文化の多くは、まさにそのために作られて

います。ですから、祈るのが難しいと感じるのも無理はありません。しかし、もし私たちが造り主である生ける神の民として、神の息子や娘となるようにという呼びかけに応えるなら、つまり、もし、神を父と呼ぶというリスクを冒すのであれば、私たちは次のような民として召されることになります。私たちを通して、世界の痛みが神の愛の癒やしの光に包まれていく、そのような民です。

すると、私たちは、この祈りを祈りたいと思うようになり、また祈らざるをえないことに気づくのです。「父よ」、「私たちの父よ」、「天にいます私たちの父よ」、「天にいます私たちの父よ、あなたの御名が聖なるものとされますように」と。

すなわち、「全被造世界があなたを礼拝しますように、宇宙全体があなたへの賛美で響き渡りますように、全世界が不正や醜さ、罪と死から解放されますように、そしてあなたの御名が聖なるものとされますように」と。また、私たちが世界の闇と痛みを胸に抱きつつ、生ける神の前に立ち、「いにしえからの約束を果たして十字架と復活の勝利を全宇宙のために現実のものにしてください」と祈るとき、私たち自身の痛みや闇も何らかの形で取り扱われていることに気づくでしょう。

あえて言えば、これこそがキリスト者の霊性です。それは個人的な霊性の深みを自分のために追求することではありません。また、「単独者による単独者への飛翔」[8]でもありません。

8　紀元3世紀のプラトン主義者プロティノスの言葉（『エネアデス』VI.9.11）。肉体や地上のものを超越し、「一者」なる神と一体となることを目指す、神秘主義的霊性を示した言葉。

虚空に向かって叫ぶのでもなく、自分の心の奥底にある感情に触れるためでもありません。もちろん、時にはそのようなこともあるでしょう。しかし、キリスト者の霊性とは、世界の痛みの前に立ち、世界の造り主の前にひざまずく生き方です。イエスの名と十字架の勝利によってこの世界と神を一つに引き寄せる生き方、二重の待降節の緊張感の中で生き、神を「父」と呼ぶ生き方なのです。

　イエスはリスクを冒して、神をある方法で呼びました。ヨハネの福音書でイエスは神のことを、「わたしを遣わされた父」と言ったのです。つまりイエスは、子である自分の行いを見せることによって、父の本当の姿を人々に示そうとしました。私たちが神を「父」と呼ぶとき、私たちも同じように、驚くべき、常軌を逸した、まったく危険な主張をすることになります。教会の使命はこの言葉で表され、教会の失敗もこの言葉によってあらわにされます。しかし、その失敗もまた、この祈りの中で、そして十字架の中で取り扱われます。

　私たちの務めは、「私たちの父」に向かって成長し、大胆に兄の真似をすることです。そのために、日ごとの糧と赦しを求めます。そしてイエスの服を着て、イエスに倣い、イエスの食卓にあずかり、イエスと共に園で泣き、イエスの苦しみを分かち合い、イエスの勝利を知るのです。

　私たちの救い主イエス・キリストが、私たちに命じ、教えたように、そして言葉にもましてイエスの生きざまと死によ

って教えられたように、私たちは大胆に、非常に大胆に、狂気とさえ思われても、「私たちの父よ」と唱えるのです。

2

御国が来ますように

　神の王国が来るようにと祈るとき、私たちは何を願っているのでしょうか?

　「主の祈り」の二番目、「御国が来ますように」という祈りは、神の王国が、単に天上のもの、つまり「あの世」のものではないことを告げています。御国が来ますように、御心が天で行われるように、地でも行われますように、と祈るからです。私たちが慣れ親しんできた「天」と「地」という言葉はじつは専門的なもので、整理する必要があります。「天」と「地」は、神が創造した良い世界の二つの空間です。「天」は神の空間であり、そこでは神の命令が下され、将来実現される神の計画が出番を待っています。「地」は私たちのいる世界であり、私たちのいる空間です。9

---

9 マタイの福音書に多く見られる「天の御国」は、地上の神の支配を意味する「神の国」
　と同じ意味である。聖書には「天国」という言葉はない。

ヨハネの黙示録の最後に出てくる幻を考えてみてください。それは、地上から天に連れ去られた人間を描いているのではありません。聖なる都、新しいエルサレムが天から地に降りてくるのです［黙21・2］。神の空間と私たちの空間が、ついに結び合わされる。それこそが、「御国が来ますように」という祈りが求めていることなのです。

　イエスと同時代の人々は、神が王となることを切望していました。平たく言えば、彼らはこれまで長く君臨していた王にうんざりしていたのです。彼らにとって、ローマ皇帝は悪の権化で、ヘロデ王朝はお話になりませんでした。いまこそ、真の神、真の王が歴史に介入し、力と栄光を現し、王としてイスラエルを治める時が来た、と考えたのです。

　預言者たちはそれを約束していました。エゼキエルは、「主ご自身がイスラエルの羊飼いとなる」。ゼカリヤは、「主はすべての聖徒と共に来る」。マラキは、「あなたがたが探している主は、突然、その宮に来られる」（これは警告でもありました）。そしてイザヤは、それらすべてにまさって、「荒野に道ができ、谷も山も平らになり、主の栄光が現され、すべての人が共にそれを見る、シオンは、その見張りが『あなたの神はここにいる！』と叫ぶのを聞く」と告げました。

　イザヤのメッセージは、神の尊厳と優しさを合わせ持っています。神は力のうちに現れ、羊飼いのように羊の群れを養い、子羊を運び、母羊を優しく導きます。イエスは、この神の王国のメッセージに生きたのであり、「主の祈り」は、こ

の預言者たちのヴィジョンが基となっているのです。

しかし、イスラエルの神が王となるために戻ってくる、というのは、どのような意味を持つのでしょうか？ この預言の箇所によると、新しい出エジプトが起こる、とあります。悪の帝国が打ち破られ、神の民は自由になる、というのです。

> 良い知らせを伝える人の足は、
> 山々の上にあって、なんと美しいことか。
> 平和を告げ知らせ、幸いな良い知らせを伝え、
> 救いを告げ知らせ、
> 「あなたの神は王であられる」と
> シオンに言う人の足は。
> あなたの見張りの声がする。
> 彼らは声を張り上げ、ともに喜び歌っている。
> 彼らは、主がシオンに戻られるのを
> 目の当たりにするからだ。
> エルサレムの廃墟よ、
> ともに大声をあげて喜び歌え。
> 主がその民を慰め、
> エルサレムを贖われたからだ。
> 主はすべての国々の目の前に
> 聖なる御腕を現された。
> 地の果てのすべての者が
> 私たちの神の救いを見る。 （イザ52・7-10）

イエスはこの預言を熟知していて、意図的に自分の働きの中心テーマにしたのだと思います。イエスが弟子たちに「御国が来ますように」と祈るように言われたとき、イエス自身が心に描いていたのは、この見張りの声の歌です。

では、イエスの御国のメッセージは、単に国家的、政治的な解放を目指しているのでしょうか?

西洋のキリスト教は、「そうではない」と言いがちです。イエスは政治に無関心で、霊的なメッセージ、つまり個人の救いという永遠不変の真理を伝えに来たのだと。しかし、その考えには無理があります。もしそうならば、「天で行われるように、地でも行われますように」とはっきり書かれた文言を削らなければなりません。イエスの御国のメッセージが何であれ、それは時間と空間の中にあるこの世界の中で現実に起こることなのです。

また同様に、イエスは同時代の人々が信奉していた、単純で一面的な解放運動のような神の国の思想に対しても、絶えず反論していました。それは、イエスのたとえ話を見ると分かります。もしイザヤのメッセージが、「神が国々を癒し、イスラエルが世界の光となる」ことを意味していたならば、それは軍事的勝利によって達成されるものではありません。分かりやすく言えば、悪を倒すためとはいえ、平和の君が軍事力を用いることはありえないのです。

イエスは、イザヤによる御国のメッセージの三つの部分を

取り上げ、それを実行に移しました。捕囚[10]となっていたイスラエルの解放、悪に対する勝利、そしてシオンへの主の帰還です。

まず、捕囚となっていたイスラエルの解放です。イエスは、ひんしゅくを買いながら異教徒の国に出て行った息子が、驚くべきことに、もろ手を挙げて大宴会に迎えられるというたとえ話を語ります。イエスの最初の聴衆にとっての「放蕩息子の話」は、単なる「悔い改めと赦し」という時代を超えたメッセージではありませんでした。それは、新しい出エジプトの物語であり、捕囚となっていたイスラエルが解放される物語でした。

しかし、イエスはこの物語を語ることで、自由のための武力闘争を呼びかけたわけではありません。社会ののけ者やはみ出し者たちと一緒に、御国を絶えず祝っている理由を説明していたのです。[武力による解放という]人々の期待とは裏腹に、イエスは自身の不思議な働きによって、神の王国がここに現われている、と語っているようです。じつはこのようにしてこそ、捕囚となっていた民が解放されていったのです。

第二に、イエスは、長きにわたった悪の支配が自分の働きによってついに打ち破られたかのように話し、行動しました（この点は第4章で見ていきます）。イザヤの御国のメッセージは、神の民を奴隷にしていた悪の支配が打ち破られると約束して

---

10 紀元前6世紀に、バビロニア帝国がイスラエルの民の多くをバビロンなどに強制移住させたこと。著者は、イエスの時代もユダヤ人は捕囚状態にあったとし、そこからの解放者としてイエスを位置づけている。

います。そのメッセージに彩られたイザヤの四つの詩には、神に立てられてこの使命を達成する「主のしもべ」という奇妙な人物が登場しています。

この預言全体（イザ40〜55章）は、神が王となるという約束を述べていて、その中の「しもべの歌」では、その約束を実現するためのしもべの役割が述べられています。イエスはその務めに志願しました。これこそ悪を打ち破る方法だ、とイエスが信じたからです。

第三。イザヤは、主（ヤハウェ）自身が、羊飼いのように優しく戻ってくる、力と正義をもって戻ってくる、と宣言しましたが、イエスは、自分の働きを同じ言葉で語りました。自分のしていることを、失われた羊を救う羊飼いの働きとして説明し、また、王や主人が、自分のしもべが何をしているのかを確認するために戻ってくる話をしたのです。このようにイエスは、捕囚からの帰還や悪に対する勝利を体現するだけではなく、驚くべきことに、イエス自身がシオンへの主の帰還を体現するよう召されているかのように語り、行動したのです。

ですからイエスは、正気とは思えない大きなリスクを伴う使命を引き受けたことになります。イエスが弟子たちに「御国が来ますように」と祈るよう教えたのは、その使命をまっとうするように祈ってほしかったからなのです。

驚くべきことにその祈りは答えられました。弟子たちは、当初、イエスがその使命を果たせなかったと考えたのですが、

イエスの復活によって彼らが間違っていたことが証明されました。イエスの最初の弟子たちは、神の王国がついに到来し、みこころがパレスチナで、エルサレムで、カルバリで、そしてイースターの園で実現したことを、自分たちでも驚くほどすぐに信じるようになりました。天と地がついに合わされて一つとなりました。彼らが期待していたような形ではなかったのですが、預言が成就したのです。

　イエスの最初の弟子たちは、神の王国というものが、単なる新しい宗教的な教え、つまり、より良い霊性や道徳、あるいは巧みに作られた新しい神学を意味するとは一瞬たりとも考えませんでした。彼らは、はるかに強く、はるかに危険な主張をしていました。イエスの唯一無二の生涯と死、そして復活によって、宇宙全体が闇から光へと大きく転換したと信じていたのです。彼らが以前に想像していたものと根本的に異なってはいても、神の王国は確かにここに現れたのでした。

　そしてもちろん、弟子たちは次のような疑問に直面しました。神の王国がここにあるのなら、なぜまだ不正があるのか？なぜ、まだ飢えがあるのか？　なぜ、まだ罪悪感があるのか？なぜ悪が存続するのか？　彼らはこの疑問から逃げませんでした。彼らは「自分たちは、地上ではなく天上の神の国に行けるという個人的で霊的な体験について話している」という言い逃れはしなかったのです。そうではなく、弟子たちは「主の祈り」を祈り続け、「主の祈り」に生き続けました。そして、私たちにも同じようにするようにと語っています。

では、どうしたらよいのでしょう？　イエスがしたことは、唯一無二、一回限りのものであり、それは福音にとって必要不可欠でした。私たちは、それを繰り返す必要はありませんし、そうしたくてもできません。むしろ、こう考えてみてください。イエスはペニシリンを発見した天才医学者であり、私たちはその薬で癒された後、必要としている人たちにその薬を処方する医者であると。あるいは、イエスは史上最高のオラトリオを書いた天才音楽家であり、私たちはイエスが作曲した曲に魅せられて、不協和音に満ちた世界の前でそれを演奏する音楽家であると。

　神の王国は確かにイエスと共にやってきました。しかし、それが完全に訪れるのは、世界が癒され、全被造物が最終的にこの歌に加わるときです。ただしそれは、イエスの薬でなければならず、イエスの音楽でなければなりません。そのことを確信するには、「主の祈り」を祈る以外にないのです。

　では、今日、この神の王国の祈りを祈ることにどのような意味があるのでしょうか？

　それはまず、私たちが天の父の顔を見上げ、その名を聖とする決意をすることです。そうすれば私たちは、父の造られた世界全体に目を注ぎ、それを父が見るように見ることになります。「御国が来ますように」と祈ることは、世界を二つの視点で見ることです。一つは、目を見張るような美しい被造世界に注がれる造り主の愛をもって世界を見る視点、もう

一つは、打ちのめされ、痛み傷ついた世界の現状に対する造り主の深い悲しみをもって世界を見る視点です。

　この二つの視点が一つになると、神の愛と神の悲しみは一つとなって、イエスの姿となり、御国の姿となり、十字架の姿となります！　「王よ、あなたの愛のような愛はなく、あなたの悲しみのような悲しみはありません」[11] このイエスを目の前にして、もう一度、祈りましょう。「御国が来ますように、みこころが天で行われるように、地でも行われますように！」。

　イエスが祈り、行動していたように、私たちも祈ります。世界が贖(あがな)われ、悪が徹底的に敗北し根絶されるように、そしてついに天と地が結び合わされて、神がすべてにおいてすべてとなられるように、と。そして、そのように祈るのであれば、当然、そのように生きる備えをしなければなりません。

　私たちは世界のために祈るように、教会のためにも祈ります。しかし、これは単に、教会のいろいろなごたごたを神に解決してもらい、教会が問題や痛みのない居心地の良い所になることを願うのではありません。

　私たちが教会のためにこの祈りを捧げるのは、「私たちを御国の担い手にしてください！」と言う準備ができたときです。「私たちを、癒された癒し人である共同体にしてください。私たちを、世界が一緒に歌うようになるまで御国の音楽を奏(かな)で続けるオーケストラとしてください。多くの人のためのこ

---

11 英国国教会の牧師、讃美歌作家サミュエル・クロスマン（1623-83）作「我が歌は知られざる歌」より。

のメッセージを委ねられた、少数の主のしもべにしてください」と言う準備ができてはじめて、私たちは教会のために祈るのです。

　世界、教会、しかし自分自身はどうなのか？
　私は以前、「主のみこころが行われますように」という部分を諦めの祈りと考えていました。肩を落として祈る祈りです。自分が何をしたいのかはあまり重要ではなく、神が本当に望んでいることのために我慢しなければならないという感覚です。
　もし神が遠くにいて、私たちと関わろうとしない神であれば、それはそれでいいかもしれません。しかし、イザヤの神はそうではなく、イエスにとってもそうではなく、イエスを想ってパンを裂き、杯を飲み、御国のために祈る人々にとっても、そうではありません。そうではなく、これは危険で、常軌を逸した従順と献身の祈りです。いわば、物事を転覆させて大きく変化させる祈りなのです。この祈りを捧げるのは、私たちがイエスに応えて御国の働きのために身を献げる道です。それは、私たち自身が薬を飲んで強くされ、他の人に薬を与えることができるようになる道です。それは、私たちが自分の楽器を調律し直して、世界が歌えるように神のオラトリオを演奏する道なのです。
　これに付随して考えるべき大切な側面があります。神の王国とは、本来は創造の秩序の贖いなのですが、それを被造世

42

界からの脱出とみなす非聖書的な視点があります。それに伴って、祈りというものは知性、心、魂がなすことであって、肉体とまったく無関係だとする考え方があります。この考え方にはある種の強みがあります。それは、儀式主義や魔術に陥ることがない点、また、神に喜ばれるために外面だけを整えようとする形式主義の誤りを避けられる点です。

しかし、強みといってもその程度のことです。「天にも、地にも、御国が来ますように」と祈るとき、祈る私たち自身が「地」の一部、一かけの土塊です。もし私たちが本当に神の王国が地上に来るのを望むのであれば、当然のことながら、その地には、この地、この土塊も含まれていると考えなければなりません。この肉体に神の王国が来るとは、もちろん聖化を意味します。また、聖礼典を意味します。そして、聖化と聖礼典の間に立っているのが、祈りという肉体をもってなす行為なのです。

何事も整然としているのが好きな人にとっては残念なことかもしれませんが、祈りの姿勢に「決まり」というものはありません。膝をつくのが苦手な人、長く立っていられない人がいます。恥ずかしくて人前で十字を切れず、あるいは、手を挙げる正教の祈りの姿勢、最近のカリスマ派の祈りの姿勢を取ることができない人がいます。また、派手なことをして、不安に思っている隣人のつまずきになるのではと心配する人もいて、さまざまです。しかしだからといって、祈りの身体

的表現が無意味だということではありません。私たちの世代は「ボディランゲージ」について多くのことを学んできましたが、それを祈りに適用してはどうでしょうか?

そうなると、ほかの時代に、あるいは異なる文化の中で、偉大な祈りの人が、いくつかのコツを学んでいたことに気づくかもしれません。理想的な姿勢とは、リラックスしているがうつむいていないこと、姿勢は良いが緊張していないこと、意識ははっきりしているがそわそわしていないこと、そして何よりも、あなたが「父」と呼ぶ造り主の前で、謙虚であるが幸せであることだと、祈りの人は教えてくれるでしょう。

このような祈りの姿勢を自分なりに見つけてください。イエスの生涯、そしてあなたへのイエスの愛を表現し象徴するようなジェスチャーを見つけてください。そうすることで、自分の体に祈りを教えるのです。それは、多くの現代人が驚いているように、自分の知性や心、そして魂に祈りを教えるのにも役立ちます。さらに、そうすることで、御国が来ますように……天で……地でもという祈りを、小さいけれども大切な場面で行動によって表すことになります。

もし私たち一人ひとりがその方法をもう少し学べば、福音の薬と音楽は、病んで不協和音を立てている私たちの周りの世界に、新たに入っていくことができるかもしれません。そのための大切な第一歩は、典礼というドラマです。空の両手を大きく開いて聖餐に向かい、イエスの生涯と死と復活を取って味わうのです。

　もし、イエスの任務の一つが、このように祈ることを弟子に教えることであったならば、このように祈ることを世界に教えることは、私たちの任務でもあると言えるでしょう。では、その機会をどのようにして得るのでしょうか？

　ルカの福音書によると、イエスは弟子たちが「祈りを教えてください」と願うまで待っていました。弟子たちがそれを願ったのは、彼らがイエスの行いを見たからです。ここに何か学ぶべきことがあるようです。

3
日ごとの糧を 今日もお与えください

　日ごとの糧を求めて祈るときに、気をつけなければならないことがあります。それは、あまりにも性急に糧を求めることです。

　私たちは、緊急の必要や神にして欲しいことがあって祈り始めます。「主の祈り」を「地でも行われますように」というところまで急いで進めて、深呼吸をしてから「ところで、日ごとの糧なのですが、いくつかどうしても必要なものがあるのです」と言って、買い物のリストを読むように祈る。そのようなことでは、私たちの貪欲が神の恵みの邪魔をしてしまいます。

　それでは本末転倒です。もし私たちが、天の父を慕い求め、御名が聖なるものとされることを願い、御国のために祈ることに時間を費やさないならば、私たちのすべての願いや望み

は、混乱した形で姿を表してきます。C.S.ルイスは、「意識の蒸気」と呼びましたが、私たちの願いや望みがぶくぶくと泡のように湧き上がってくるのです。[12]

　誤解しないでいただきたいのですが、「神の前で熱くなること」には、正しく適切な面があります。自分のうちに燃えるような求めや願いがあるならば、潔く天の父の前に出て、それを述べたらよいのです。しかし、冷静なときのいつもの祈りでは、全体の流れを大切にしながら「主の祈り」を捧げることが、神に対しては言うまでもなく、自分に対してもなすべきことでしょう。

　「日ごとの糧を、今日も与えてください」という願いの真の深さは、イエスの生涯を見ると理解できます。

　人々はイエスについていろいろな評価をしましたが、決して褒め言葉ばかりではありませんでした。その中でも特に目立つのは、「大食いの大酒飲み」というもので、イエスに敵対する者がその言葉を嬉しそうに口にするのが目に浮かぶようです。しかし、この言葉が元々どこから来たのか知っていますか？

　じつはそれは申命記21章からの引用で、そこには、強情で逆らう息子をどうすべきかが書かれています。親は息子を町の長老たちのところに連れて行き、「私たちのこの息子は

12　アイルランド出身の作家ジェイムス・ジョイス（1882-1941）は、人間の意識が断片の集まりではなく、蒸気のように切れ目なく変化し流れていることを文学的に表現しようとした。日本語では一般に「意識の流れ」と訳されている。本書の原文には、C・S・ルイスが、ジェイムス・ジョイスの後期の作品を批判していたと述べられている。

強情で逆らいます。私たちの言うことに聞き従いません。放蕩で大酒飲みです」と言います。すると、石打ちの刑に処すよう命じられます。つまり、イエスに対するこの告発には、パーティーに通い過ぎたという以上に、「イエスは私たちの伝統にまったく反しているので、死に値する」という意味があったのです。

しかしイエスは、「主の祈り」で示した計画に従っていたのであって、反抗的な息子などではなく、自分が「父」と呼ぶ方に忠実だったのです。イエスは、雑多な背景を持つ友人たちと食べたり飲んだりすることによって、御国を目に見える形で示そうとしていました。イエスのパーティーは、飲み食い自体を目的としたものではありません。日ごとの糧を求めて父に祈ることは、より広くより深いイエスの計画の一部だったのです。

その中心にあるのは、神が民のために催す大宴会という、御国を表す重要なシンボルです。そのイメージは、「乳と蜜の流れる地」という約束、「私の敵をよそに、あなたは私の前に食卓を整え」と語る詩篇、イスラエルの子らが荒野でウズラとマナで養われたこと、そして次のようなイザヤの預言にまでさかのぼります。

> 万軍の主は、この山の上で万民のために、
> 脂の多い肉の宴会、良いぶどう酒の宴会、
> 髄の多い脂身とよくこされたぶどう酒の宴会を開かれる。

この山の上で、万民の上をおおうベールを、
万国の上にかぶさる覆（おお）いを取り除き、
永久に死を呑み込まれる。
神である主は、すべての顔から涙をぬぐい取り、
全地の上からご自分の民の恥辱（ちじょく）を取り除かれる。

(イザ25・6-8)

この祝宴、パーティーは、神がついに行動を起こして民を救い、すべての顔から涙をぬぐい去ろうとしているしるしです。イエスが飲み食いし、ついてきた人々を荒野で養ったのは、見る目のある人が、この全体のテーマに気がついて祝うようになるためでした。よくあることですが、イエスは言葉ではなく行動によって最も力強く語ったのです。

では、なぜ彼らはイエスを批判したのでしょう？ その理由の第一は、イエスは御国の祝宴をふさわしくない人々と祝っていたからです。イエスは悪名高い罪人のために大きなパーティーを開きました。イエスは自ら出向いてザアカイと一緒に食事をしたのですが、エリコの立派な住民たちはザアカイの家の外で不満をもらしていました。このような奇妙な祝宴について、イエスはある有名な箇所で説明しています。迷子の羊が発見され、なくなっていた銀貨が見つかり、失われていた二人の息子に父の愛が示されたという話をし、御使いたちはそれを見てパーティーをしているのだから、自分もそうするのが当然だ、と語ったのです（ルカ15・1-2、7、10、23-24、32）。

　イエスは自分の働きによって神の王国を新たに建てあげていました。すべての人をパーティー、つまりメシアの祝宴、新たにされた神の民へ歓迎するという目に見える現れが、その働きの中心でした。イエスは、神の王国を示すこの「日ごとの糧」を、あらゆる人々に提供していたのです。

　また、当時の人々にとって、イエスがふさわしくない人々と祝っていたとすれば、イエスはじつにふさわしくない時に祝っていたことにもなります。イエスの時代のユダヤ人たちは、イスラエルの過去の悲劇を想い起こすために、いろいろな断食日を設けていました。しかしイエスは、その日に断食することを拒み、その代わりにパーティーを開きました。その理由として「花婿が一緒にいるのに、花婿に付き添う友人たちに断食させ」［ルカ5・34］ることはできないからだと語ります。つまりイエスは神の王国の偉大な婚宴を祝っていて、その祝宴の最中に惨めな顔をして断食を続けることはできないというのです。イエスは、神の王国の不思議な現れを祝っていました。そして、弟子に教えた「主の祈り」は、その神の王国が完全に成就するようにとの祈りでした。それは、神の民が飢えと罪悪感と恐怖から救い出されるようにとの祈りです。「私たちの日ごとの糧を今日もお与えください」とは、ここでは「このパーティーを続けさせてください」という願いなのです。

　祈りのこの部分には、マタイ版とルカ版の間に興味深い違

いがあり、いままで述べたことはその違いを理解する助けになるでしょう。ギリシア語は難しいのですが、マタイは「明日のための糧を今日もお与えください」という意味であり、ルカは「私たちの日ごとの糧を、毎日お与えください」と理解しているようです。どちらも、イエスが伝えようとしたことの異なる面を表していると思われます。

　マタイは、イエスの全体の計画に沿っていて、「偉大な明日が約束されている命のパンを、いまここで与えてください」という意味となります。言い換えれば、来るべき御国の祝福を、いま与えてください、となります。この福音書を書いているマタイにとって、この祈りは五千人と四千人の給食で部分的に応えられ、最後の晩餐でさらに応えられ、そして何よりもイエスの死と復活によって完全に応えられました。

　しかしだからといって、ルカのほうは一面的で、いままでのように単純にパンを求めているだけだ、とばかにすることはできません。なぜなら神の王国で重要なのは、前章で見たように私たちの願いや望みを非物質的なレベルに引き上げることではなく、また、地上的なものから離れて「霊的」なものに向かうことでもないからです。神の王国とは、神の次元が私たちの中に生まれることであり、それこそが待降節、そしてクリスマスが待ち望み、祝っていることなのです。

　御国は、天にあるように地にも来ます。日ごとの必要や願いは、それ自体を超えて、死と悲しみがなくなる神の王国と

いう神の約束を指し示しています。しかし、それは御国の約
束が日ごとの必要を含んでおり、それを二流のものとして見
下さないということでもあるのです。

　したがって、日ごとの糧を求める祈りは、祈りに関して大
切な四つの点を明らかにしています。

　まず、先ほど述べた「意識の蒸気」、つまり混乱した願い
や望みをどうしたらよいか考えてみましょう。私たちが心を
澄まして祈ると、何が聞こえてくるでしょうか？　恐れと希
望、欲望と戸惑いといった心のざわめきです。その背後には、
深い悲しみと心の底からの怒りもあるでしょう。また、真実
な喜びや本当の楽しみもあるかもしれません。私たちはこの
ような心の内の思いをどうすればよいのでしょう？

　この件に関して、クランマーが作成した英国国教会の祈祷
書、その聖餐式の最初の部分に、非常に印象的な祈りが記さ
れています。

　「全能の神よ、すべての心は主に現れ、すべての願い[13]は主
に知られ、どのような秘密もみ前に隠れることはありません」。
　すべての願いが知られ。これを聞いて、あなたはどう反応
しますか？　この言葉を「励まし」と捉えるか、「脅威」と捉
えるかで、あなたの霊的な健康状態が分かります！

　私たちの願いがすべて神に知られることに深い危機感を覚
える人は、「主の祈り」を「霊的」な問題に閉じ込めたくな

13　日本聖公会の『祈祷書』では〈願い〉を〈希み〉と訳している。

るでしょう。もし私が自分の願いを恥じていて、それを神に知られたくないと思っているのなら、私が祈る「日ごとの糧」は、胃袋のことではなく、魂のためのものであるほうが安全に感じるのです。しかしイエスは、私たちにそのような選択肢を残していません。

もちろんイエスは、なくなる食べ物のために全エネルギーを費やすのではなく、永遠の命に至る食べ物のために働くようにと人々に告げました。しかし、永遠の命の大切さを強調するために、胃袋のための食べ物を与えないことはしません。イエスは具体的な必要のレベルで彼らを養い、それを通して、より深い必要や願いをも満たすのです。イエスが人々の日ごとの糧やその他の必要を知っていること、それは、脅威ではなく約束です。

聖書が与えられているのは、その励ましによって私たちが希望を持つためだ、とパウロは語っています。人々が切なる願いを御前に差し出すと、その願いが神の計画に取り入れられて応えられるという話が聖書にたくさん出てきます。ナオミが、嫁のルツに夫が与えられるよう切に願うと、神はその願いに応え、ルツをみこころにかなうダビデ王の曽祖母としました。ハンナが子どもを切に願うと、神はイスラエルに対して神の代弁者となるサムエルを彼女に与えました。「使徒の働き」1章に登場する弟子たちが、イスラエルが世界の大国になることを切に願うと、イエスはその文化的・政治的な希望に対して、予想外の方法で応えました。全世界を治める

新しい王となったイエスが、弟子たちをその大使として派遣したのです。［使1・6-8］

　ですから、「日ごとの糧を今日もお与えください」という祈りが私たちに想い起こさせてくれるのは、食べ物とそれに象徴されるすべてのものへの自然な欲求、それ自体が悪ではないということです。もちろん、本物の大食漢は、貪（むさぼ）り食べることを悔い改めなければなりません。しかし、神が私たちの願いを知っておられるのは、私たちがその願いを祈りに変えるためであり、その願いが整理され、もつれがほぐれ、真の必要を再確認するためなのです。もし私たちが「主の祈り」の一つひとつを大切にして誠実に祈るなら、私たちの内面は混沌とした状態から一歩踏み出して秩序へと向かい、喜びを味わうことになるでしょう。

　神の王国を求める祈りは、ある宗教が目指すような自身の願いや煩悩を滅却する祈りではありません。「主の祈り」の前半には、神の栄光、神の王国、みこころを求める祈りがあり、その祈りの中に私たちは自らの願いを携えていきます。その結果、その願いが神ご自身の方法で、神ご自身の時に満たされていくのです。また、私たちは最も深い渇きをもって神ご自身を求めているので、「日ごとの糧」を求める祈りは私たちが神ご自身によって満たされることをも求めています。そして、神がこの祈りに応えないということはありえません。「我らの熱き願いの中に、涼しく安らかなる汝の風を吹かせ

たまえ」。14

　私たちが日ごとの糧を求める祈りから教えられる第二の点、それは、神が具体的な必要のために祈るよう求めていることです。「中東に平和をもたらしてください」と祈るより、「すべての人に祝福を」と祈るほうがはるかに容易です。会議に遅刻しそうなので、うまく駐車スペースが見つかりますようにと祈るより、世界の人々が救われますようにと祈るほうがより「霊的」に思えるかもしれません。もちろん、祈りというものが、駐車スペースのため、自分のチームが試合に勝つため、あるいは教会行事の日に晴れるためにあるのだ、と割り切るならば、キリスト教の祈りを矮小化することになります。

　しかし、日ごとの糧のための祈りを、御国を求める祈り全体の中であるべき場所に置き、そのうえで、いま必要としている具体的なことを祈るのは、とても大切なことです。それはまさに、子どもたちが「お父さん」を愛し、信頼するときにすることなのです。

　しかし、私たちは自分以外の人々の必要も視野に入れなければなりません。これが第三の点です。昨日食べ物がなく、今日もなく、明日の食べ物をも得られそうにない何百万人もの人々を意識せずに、日ごとの糧のため、あるいは明日の糧のために真摯に祈ることはできません。では、教会でこの祈りを捧げてから家に帰り、日曜の昼食を取るとき、私たちに

---

14 奴隷制廃止に貢献した著作家ジョン・ホイッティア (1807-92) 作「主よ今われらの罪をゆるし」より。

56

できることは何でしょうか？

　言うまでもなく、私たちは食料援助事業などのために精いっぱい募金することができます。もちろん、海外への食料援助だけではなく、政治に対してもっと敏感になって活動し、より公正で公平なグローバル経済を目指すプロジェクトを支援することもできます。これは、この祈りがもたらすことの一つです。

　しかし、それに加えて、私たちはこの祈りを、飢えている人々のた・め・だけではなく、飢えている人々やその他の深刻な必要に迫られているすべての人々と共・に・祈るべきです。「主の祈り」を祈るとき、私たちは自分自身をより広いキリスト者の家族の一員、そして人類という家族の一員として考え、そのうえで、飢えた人々のそばに立ち、彼らに代わって祈るのだと考えるべきなのです。

　この祈りの中で、私たちは自分自身を世界の代表として献げます。それこそ、私たちが「王なる祭司」である意味です。自国の何千もの飢えた人々や世界中の何百万もの人々の言葉にならない祈りを言葉に変え、天の父に「飢えた人々を食べさせ、どん底にある人々を救ってください」と懇願(こんがん)するのです。そして、その自らの祈りに誠実であるかどうかは、私たちが代弁する人々のそばに、実際に立つ心備えができているかどうかで試されます。ですから、これはやはり危険で、物事を変革する祈りです。しかし、これこそがイエスが教えた祈りなのです。もし、糧を求める祈りに問題点があるとすれ

ば、私たちがこの地点に達するのが遅すぎることだと言えるでしょう。

　第四に、これらの祈りのすべての側面は、私たちが主の食卓を囲むときに、はっきりと一つになります。このとき、聖霊の力によって、パンと杯^{さかずき}は、イエス・キリストにある神ご自身の愛の管^{くだ}となり器^{うつわ}となります。聖餐式^{ユーカリスト}は、ある意味で、祈りの最高の形と言えるでしょう。そして、それと同時に、私たちの祈りに対する最初の、そして最も基本的な応えでもあります。聖餐式は、神からの応えがすべてはっきり見えるようになる眼鏡^{めがね}の働きをしています。

　聖餐式は第一に、私たちがイエスを想い起こし、イエスのことを考えるために主ご自身が教えた方法です。「主の祈り」がイエスの生涯と働きを要約する祈りであり、弟子たちがイエスの命と愛を自らの内に受け入れてそれを自分のものとするための祈りであるとすれば、聖餐式はそれと同じ働きをする象徴です。とりわけイエスの死とよみがえりを指し示しています。

　私たちがイエスを想い起こしてこれを行うとき、私たちは心と思いの中で、聖礼典の時と場において、イエス自身の生涯に引き戻されます。つまりイエスが友と飲み食いし、最後に御国の宴^{うたげ}を祝ったときに引き戻されます。聖餐式は御国の祝宴であり、私たちはそこに集う光栄が与えられた客人です。そしてこれが、いままで見てきたように「日ごとの糧」を求める祈りの出発点なのです。

　しかし、聖餐式は何よりも、私たちが自分の肉体的、心理的、感情的、霊的な必要を携えて、「すべての願いを知っている神」の前に、それを差し出す場でもあります。聖餐式は、神のパン、命のパン、明日のパンであるイエス・キリストご自身を受け取るために、私たちが両手を開いて前に出るドラマです。15 このドラマは、私たちが混乱した自らを携えて神の愛の光の中に進み行くこと、そのすべてを深く豊かなシンボルによって表しています。

　私たちはここで、自分の心と思いの中にあるものを何でも、恐れず、恥じることなく神のもとに携えていくことができます。私たちの心配事がどれほど大きく、逆に、どれほどささいに見えてもそうなのです。そして、私たちが「父」と呼ぶ神は、実際の食べ物と共に、私たちが必要とするすべてのもの、特に、癒し、赦し、支え、そして勇気を、私たちの人生のあらゆる場面で与えてくださるのです。

　ですから、最後に、聖餐式とは、キリストの民である私たちが、飢えなどの切実な必要がある人々のために進み出る場でもあります。イエスは、ご自分の祝宴をさまざまな人々と分かち合うことで御国を祝いました。私たちもそうすべきです。

　しかし、これを壮大な一般論にとどめておくより、何かを実際に始めるのがよいでしょう。その第一歩として、具体的な提案を一つ申し上げたいと思います。あなたが知っている人の中には、あるいはテレビで見たことのある人でも、今日、

15　会衆席の前に信徒が進み出て聖餐にあずかる教会がある。

文字どおり食べ物という面で、あるいはその他の必要があって、神からの糧を切実に必要としている人がいるかもしれません。次回、聖餐にあずかる際に、その人を心の中で連れてきて、共に進み出てください。そして、その人が祭壇の手すり16の前で、あなたと一緒にひざまずき、あなたと一緒にパンと杯を受けるのを想像するのです。

そして、あなたが神の食物によって力づけられて戻るとき、こう自問自答してください。新しく友となったこの人が、「私たちの日ごとの糧を今日もお与えください」と祈るとき、何を期待するだろうか、そして、その祈りに神が応えるとしたら、その応えにあなたはどのように関われるだろうか、と。

結局のところ、私たちがイエスの食卓についているのは、ふさわしくない人たちとパーティーを祝う習慣がイエスにあったからです。そろそろ私たちも、イエスの真似をすべきではないでしょうか?

---

16 著者の属する英国国教会では、聖餐台が礼拝堂の前にあり、会衆席と区切る柵の手すりがある。会衆は両手を差し出して、司祭より聖餐のパンを受け取る。カトリック教会やルーテル派の教会にもその形式が見られる。

4
私たちの負い目をお赦しください

　新約聖書の中に、非常に強烈な印象を与える場面があります。それは、ある男が走っている姿です。

　最近では、さまざまな人が健康のために走っています。大統領や政治家もジョギングスーツを着て運動しているところを写真に撮られることがあります。しかし、イエスがいた当時の世界では、コミュニティの中で立場が上であればあるほど、早歩きをすることさえできませんでした。それは、威厳や重厚さに欠けた行為だったのです。

　イエスは、ある男が走る話をしましたが、それはいまで言えば、首相が国会の開会式に水着を着て現れたのと同じような驚きを人々に与えました。まったく威厳のない姿です。

　そして、この男が走っている理由が分かると、さらに驚いたことでしょう。この男は誰かを迎えるために走っていまし

た。その誰かとは、走り寄ったこの男に背を向け、家族全員に恥をかかせた人物です。私たちはこれを「放蕩息子のたとえ話」（ルカ 15・11-32）と呼んでいますが、「走る父のたとえ話」と呼ぶこともできるでしょう。そして、この男がなぜ走っているのかを理解して初めて、イエスが次の祈りを教えた意味を本当に理解できるのです。「私たちの負い目をお赦しください。私たちも、私たちに負い目のある人たちを赦します」。

「走る父」のような衝撃的なストーリーが必要なのは、私たちの世代が「赦し」を忘れてしまったか、矮小化してしまったからです。道徳や倫理というものを、「やりたければ、やればよい」という考え方と置き換えてしまうと、赦しの必要がなくなります。私たちの文化では、もし何かに傷ついていても、自分の世界に引きこもって何もなかったことにすればいいのです。

そこでは、神に赦してもらう必要はなく、ほかの人を赦す必要もありません。あるいは、赦しについて考える人がいたとしても、個人的でささいな罪を赦すという小さな世界を超えることは滅多にありません。神が自分のちょっとした過ちを赦してくれればいいし、自分は隣人（りんじん）の愚かな行いを微笑（ほほえ）んで見過ごせばよいというわけです。

私たちの世代は、真実な「罪の赦し」の代わりに、「寛容」というあいまいな考え方を教えられてきました。しかし、寛容はせいぜい赦しの低級な物まねに過ぎず、悪く言えば、人生の本当の問題を覆（おお）い隠してしまいます。

　もし、この物語の父が、息子をただ寛容に見過ごすだけの
つもりであれば、息子を迎えるために道を走ることはなかっ
たでしょう。赦しとは、私たちが考えている以上に豊かで崇
高、また、困難で衝撃的なものです。イエスは本物を示し、
安っぽい偽物で満足してはならない、と語っているのです。

　イエスはそのたとえ話、そしてたとえ話が説明している自
身の業（わざ）によって、何を言おうとしたのでしょう？　また、イ
エスが教えたこの祈りを私たちが捧げるときに、そのたとえ
話と、それが指し示す〈罪の赦し〉という現実を自分の祈り
に変えていくには、どうしたらよいのでしょう？

　私たちは、イエスが神の王国、神の支配を告げていたこと
を見てきました。つまり、神はついにイスラエルを奴隷状態
から解放し、全世界を正しい状態に回復しようとしていまし
た。イエスの時代の人々は、政治的、社会的、文化的、経済
的に抑圧と捕囚が終ることを求めていたのですが、彼らは、
それが最も深い問題と直結しているとは考えていませんでし
た。じつは預言者によれば、抑圧と捕囚は、イスラエルが罪
を犯したために生じたものでした。ですから、イスラエルが
抑圧と捕囚から解放されるとしたら、その解放の出来事は、
まさに罪の赦しなのです。

　囚人は間違いなく、あらゆるレベルでの赦しを求めていま
す。もし法務大臣が道を走ってきて刑務所の門を開け、彼ら
を外に出したとしたら、これは衝撃的な発想ですが、彼らは
確かに自分が恩赦を受け、確実に赦されたことを知るでしょう。

このことは、福音書にある洗礼者ヨハネの記事にはっきりと現れています。彼はヨルダン川で「罪の赦しに導く悔い改めのバプテスマ」を授けていました。これは、単に良心の呵責を取り除くためのものではありませんでした。ヨルダン川を渡ることは、出エジプトを再現することであり、ヨハネが行ったことはイスラエルの神がどのようにその民を贖う<ruby>贖<rt>あがな</rt></ruby>うかを示していました。つまりヨハネは、捕囚からの真の帰還、その意味での「罪の赦し」を宣言し、イスラエルの神の到来に向けて人々を準備させていたのです。そしてイエスは先ほどのたとえ話の中で、その神の到来は、不肖<ruby>肖<rt>ふしょう</rt></ruby>の息子を迎えるために道を走る男のようだ、と言ったのです。

　イエスは、ヨハネの働きを受け継いだのですが、二つ点で大きな違いがありました。第一に、イエスは宣言の場をヨルダン川から、町や村へと移しました。第二に、ヨハネが「間もなく来る」と語っていたことが、「いま到来した」、と言葉と象徴的な行動で人々に伝えました。イエスは「子よ……あなたの罪は赦された」と言いました。ラビとしての訓練も祭司の資格もない人が、個人の家でこの驚くべき宣言をしたのです。それが衝撃的だったのは、神殿でなされるべきことを大胆にも行ったからだけではなく、「罪の赦し」という大いなる解放の業<ruby>業<rt>わざ</rt></ruby>が実際に到来したとも語ったからでした。

　「イエスは自分を何者だと思っているのか？」と、人々が尋ねたのも当然です。その答えは明白です。イエスは自分が

神の王国をもたらす者だと思っていたのです。イエスは単な
る「教師」ではありません。何かが起こっていることを宣言
していたのです。そして、自身の言葉と行いによってその宣
言を説明し、それが真実である、と語っていました。イエスは、
「子よ……あなたの罪は赦された」と言って、その人の中風
を癒しました。イエスは取税人や罪人と席に着き共に食事を
することによって、イスラエルの神が両手を広げて歓迎して
いることを示したのです。

　この威厳のない行いが問題視されると、イエスは、威厳を
捨てて道を走り、不肖の息子を迎えた父親の話をしました。
癒しの業、飲食のパーティー、物語、シンボルなどすべては、
「罪の赦しが、あなたの目の前で起こっている」と語ってい
ました。これは新しい出エジプトであり、捕囚からの真の帰
還であり、預言の成就であり、大いなる解放です。私たちの
驚くべき神が、威厳を捨ててやって来たのです。

　イエスは、王国が到来したこと、罪の赦しがなされている
こと、神がついにご自分の民を、地の塩、世の光に変えよう
としていることを告げながら、ガリラヤの美しい田園地帯を
村から村へと旅をしました。そして、イエスの呼びかけに人々
が応えた所ではどこでも、新しい出エジプトの民、罪の赦し
を受けた民としての生き方を、その人々に示しました。彼ら
は、それぞれの村や町の中でイエスとその王国のヴィジョン
に忠実な小さなグループ、つまり王国の民のグループとして
生きることになったのです。

この人々は、自らが神の赦しを受けたので、自分たちの間で赦しを実践しなければなりませんでした。それをしないということは、何が起こっているのかを理解していないことになります。この小グループの中で誰かが仲間を赦すことを拒むならば、その人は、事実上「私は、王国が到来したとは信じていない。罪の赦しが実際に起こったとは思わない」と言うことになります。

　互いに赦し合わないことは、新しい道徳的な教えにちょっとだけ至らない、といった程度の事態ではありません。それは、自分が立っている土台を崩すことでした。王国の民であること、イエスの民であることの唯一の理由は、罪の赦しが起こっていることです。ですから、その赦しを生きないということは、自分の新しい存在の基盤を否定することになるのです。

　そのため、「主の祈り」のこの部分は大変珍しいものとなっています。神に捧げた願いが真実であることを、具的的に示すよう祈り手に求めているからです。「私たちの負い目をお赦しください。私たちも、私たちに負い目のある人たちを赦します」。ここでは、祈りと生活が不可分に結びついています。

　ここで注意が必要です。私たちは、神の赦しを得るために人を赦すのではありません。人を赦すことは、イエスとその王国に私たちが忠誠であることの証です。ですから、私たち自身が、王国のもたらすこの中心的な祝福に生きてはじめて、

その祝福を伝えることに意味と一貫性が生まれるのです。

　イエスに従う者たちにとって、罪の赦しにはさまざまな意味がありました。その一つは、聖書に古くから記されている偉大な命令、ヨベルの年を実践することです。それは、互いに罪や違反を赦し合うだけでなく、互いに借金を帳消しにするように命じています。これこそが、マタイ版「主の祈り」に使われた言葉の明確な意味で、「私たちが負債者を赦すように、私たちの負債も赦してください」となります。ところが、ある人たちはこう言うかもしれません。「私たちが神に対して負っている負債は金銭的なものではなく、道徳的なものなので、イエスはこの言葉を比喩として使ったのではないか？」と。確かに、時にはそのとおりなのですが、実際はそう簡単にこの問題から逃れることはできません。

　当時、借金の問題は非常に深刻でした。イエスの時代から30年後、ユダヤ人はローマに対する戦争を始めました。ユダヤの革命家たちが神殿を占拠したとき最初にしたことは、借用書を燃やすことでした。初代教会は、イエスは実際の借金のことを語っていると本当に信じていました。「主の祈り」は、個々人が良心の呵責を和らげるという面で重要ですが、じつはそれだけではありません。正義と平和が一つとなる新しい日が到来したので、「主の祈り」は、個人的、実存的な面だけではなく、経済的、社会的な面においても重要なのです。

　つまり、この祈りの部分は、ほかのすべての部分と同様に、イエスの使命と宣教に根ざしています。前にも述べましたが、

この祈りが与えられたのは、弟子たちがイエスのしていることを自らの内に取り入れ、それによりイエスの命に生かされるためでした。ではこの祈りの部分は、実際はどのように具体化できるのでしょう？

　まず、注目したいのは、イエスの初期の弟子たちにとって、イエスが十字架につけられたときにこの祈りが最高の形で応えられた、ということです。当初、弟子たちはまったく分からなかったのですが、復活の光の中ではじめて、十字架が、待ち望んでいた解放と赦しをもたらす偉大な行為であったことを理解するようになりました。

　そして私たちは、弟子たちの後を継ぐ者として、この偉大な出来事を感謝をもって振り返り、年ごとに、週ごとに、真の出エジプトとして祝っています。つまり、全世界の痛みと罪が一か所に積み上げられ、永遠に解決された瞬間として祝っているのです。

　しかし、イエスが十字架上で死なれたときに罪が完全に赦されたのであれば、なぜこの世界にいまだ罪や悪が残っているのでしょうか？　この祈りはすでに答えられたと言っているのに、なぜ、私たちは来る日も来る日もこの祈りを、信条や賛美歌、典礼や聖書朗読の中で唱え続けなければならないのでしょうか？

　この質問に対する答えは、私たちが「民」となるように召されているから、というものです。この「民」を通して、カルバリとイースターという唯一無二の勝利が、全世界の中で、

そして全世界のために実行に移されるのです。教会は、神が全宇宙のために成し遂げようとしている「罪の赦し」という偉大な行為の先駆けです。

　正義と平和、真実とあわれみは、いつの日か神の世界を覆（おお）うでしょう。そして「主の祈りを祈る民」とも呼べる教会は、赦しに至る唯一の生き方を、他に先んじて実践するモデルとなるのです。

　したがって、この祈りを祈ることは、最も広い意味で世界のために祈ることです。「私たちの負い目をお赦しください」。自分の罪や隣人の罪から少し目を離し、世界全体を見てください。産みの苦しみをしつつ平和と正義を求めている世界、政治家と政界の黒幕らが絶えず起こすごたごたと、そのためにいつまでも続く悲惨な状況。夫と家を失い、雪深い冬を迎えた農婦の身になって考えてみてください。深みにはまりすぎて、選択肢のすべてが悪であることを悟った政治家や、暴力を使わない生き方があったことを忘れてしまった男たちの身になって考えてください。

　このようなイメージを集めて一つにし、田舎で豚に餌をやっていたユダヤ人の若者［放蕩息子］の姿の上に重ねるのです。そして、勇気をふりしぼって次のように祈ってください。「私たちの負い目をお赦しください」「立って、父のところに行こう。そしてこう言おう。『お父さん。私は天に対して罪を犯し、あなたの前に罪ある者です』」。

　そして、あなたが全世界の痛みを前にしてこう祈ったとき、

次の場面を心に思い描いてみてください。思いもよらず、名誉を捨てて、泥まみれの息子に会うために父が道を走ってくる場面です。

　世界のためにこの祈りを捧げるとき、生ける神が私たちに何を願っているのか、その新しいヴィジョンに注意を払おうではありませんか。私たちが社会の中で何を目指すことを神は願っておられるのでしょう？　世界の半分が苦しみ、残り半分が安楽に暮せるようにしている貧しい国々の累積債務、それを帳消しにする「ジュビリー」[17]の働きのために祈り協力することかもしれません。

　後半の「私たちも、私たちに負い目のある人たちを赦します」は、この流れでどのような意味になるでしょうか？　私たちは、世界のためにこの祈りを捧げる者として、自らもこのように生きるよう求められています。

　ルカの福音書の最後で、イエスは弟子たちに「罪の赦し」を全宇宙に告げるように命じます。教会は、ヨベルのメッセージ、つまり罪の赦しのメッセージを伝えるだけではなく、それに生きることが求められています。教会は王の到来という、不名誉ながらも栄光に満ち、衝撃的で、喜びに溢れるこの王の到来というメッセージを、教会は世界の前で体現するのです。

　世界は、教会のしていることを目にしたとき、疑問を持つ

---

17 富む国々から貧しい国々が借りている負債を帳消しにしようという社会運動で、1990年から世界的に広がった。名称は「ヨベルの年」から取られた。

に違いありません。その疑問に対するふさわしい答えは、評判の悪い息子を抱きしめるために道を走る、父親の話になるでしょう。したがって、この祈りの後半部分は、キリストにあるすべての姉妹や兄弟たちと愛と平和のうちに生きることを決意する祈りです。この祈りは、エキュメニカルな運動を下支えると同時に、私たちが自分のコミュニティの中で和解する必要があることを、日々想い起こさせてくれるはずです。

　ここで皆さんは、「現在の教会は本来のあり方から大分離れてしまった」と言うかもしれません。確かにそうだと思います。しかし、いまからでも遅くはありません。目を上げて、やがて来られる神が持っておられるヴィジョンをもう一度捉え直しましょう。バプテスマのヨハネは荒野で叫ぶ声でした。主の道を用意し、荒れ地で神のために大路をまっすぐにしました。主の栄光が現され、すべての肉なる者が共にこれを見る［イザ40・3-5］。確かにそうなのだ、とイエスは言われます。

　そして実際にすべての者が見るのは、道を走る父の姿です。もしその姿が、「肥えた子牛まで屠って……」とつぶやいて隅っこですねている兄によって曇らされているならば、それはイエス自身が、ヴィジョンと現実の間にあるギャップをよく分かっていたことを示しています。そして、不肖の息子を歓迎するだけではなく、傷つき困惑している兄を安心させる必要があることも知っていたのです。

　これもこの祈りの一部です。もし私たちが放蕩息子の視点

から祈るならば、いまはパーティーに参加できていないと気付いた教会や世界の「兄」のためにも祈らなければなりません。

　この祈りは、私たちの個人の生活にどのような影響を与えるでしょうか？

　最初に典礼についてお話します。トーマス・クランマー[18]によって作られた英国国教会の祈祷書は、私たちが懺悔した罪人として神のもとに来ることを強調しています。そのため、朝と夕の礼拝で最初にすることは、自分の罪を告白することになっています。しかし、もし、あなたの霊性がこの順番によって形作られるならば、あなたはいつでも自分自身を、「家に這うように帰ってきて、厳格な父親に迎えられ、過去を水に流してくださいと乞い願い続ける放蕩息子」と考える危険があります。これはもちろん、たとえ話全体を完全にねじ曲げています。

　しかも、次のような反応を引き起こすでしょう。「ああ、それはあまりにも暗い話だ！　罪のことなど気にする必要はないし、それは病的で、不必要なことだ」。しかし、「主の祈り」はバランス良く構成されていて、この両極端を正しています。

　クランマーによる聖餐式の式文も同じです。「主の祈り」でもその式文でも、私たちは最愛の子として父の前に来て、父による祝宴にあずかろうとします。もちろん、食事の前に

---

18 16世紀の英国王ヘンリー8世の下で英国国教会の独立に関わり、カンタベリー大司教となった。英国国教会『祈祷書』を制定した。

は手を洗うのが正しいことです。つまり、父に歓迎され、祝宴に間もなくあずかることのできるという大きな枠組の中で、罪の告白をし、罪の赦しを受けるのです。

父による心からの歓迎を受け、父への愛と信頼を表明した後、私たちは言います。「ところで、解決しなければならない問題が一つ二つあるのですが」。すると、神は優しく応えてくださいます。「そうだね、確かにあるね。それをテーブルの上に出して、解決していこう」。

このバランスが何をもたらすかに注目してください。私たちは三つの方法で罪悪感を取り扱いがちですが、そのどれも、結局は良いものではありません。第一は、想像上の罪悪感を生み出すこと、第二は、罪悪感を否定すること、第三は、罪悪感を抱えて生きることです。これらはいずれも、霊的、心理的にさまざまな問題を引き起こす可能性があります。特に、うつ病と怒りが問題です（もちろん、それは他の原因によって引き起こされることもありますが）。

「主の祈り」は、そのような病んだ考えを一掃し、私たちを問題の核心に導いてくれます。段階を追って「主の祈り」を祈っていくと、私たちの罪悪感のうち、どれが単なる想像上のもので、どれが現実のものなのか、そして現実の罪悪感にどう対処したらよいのかを見極めることができるようになります。「主の祈り」は、そのようにデザインされているのです。

現実の罪悪感を直視できれば、それに対処できます。率直

に、そして正直に告白して、イエスの生涯と死に見られる神の赦しの愛を再び見上げればよいのです。想像上の病気で医者に行っても意味がありません。しかし、もし本当に何か問題があるのなら、医者に任せた方がいいでしょう。

特に、他の人によって私たちが受けた傷は、医者に任せてその傷の手当をしてもらうのがいちばんです。これもイエスが使ったイメージです。肉体的なものであれ、精神的なものであれ、誰もが他人から受けた傷を抱えて生きています。多くの場合、それは偶発的なもので、わざとではなかったのですが、私たちは彼らの言動をいまだに思い出しては苦しみ、怒りをくすぶらせるのです。

そのようなとき、できることはただ、神の前で正直になることです。何といっても、神には、人の言葉や行動で傷ついた経験がたくさんあります。ですから神は、私たちの痛みを癒やすだけでなく、私たちを傷つけた者を「赦す」という時間のかかる取り組みに助けの手を伸ばしてくださいます。こうして、私たちの傷が癒されていくのです。

もちろん、どれも簡単なことではありません。いままでそのようなことに真剣に取り組んだことがない人は、時間がかかるかもしれませんし、人の助けが必要かもしれません。教職者はそのためにいるのですが、賢明で祈り深い信徒の友人も同じように助けてくれるでしょう。助けとなる本もあります。しかし、何よりいちばんの助けとなるのは、「主の祈り」を正直に、注意深く祈ることです。

　真の神の赦しを日々、胸に吸い込むことは、イエスに従う者としての私たちの特権です。それは、あらゆる方向から私たちに送り込まれてくる汚れた細菌だらけの空気の代わりに、私たちの霊的な肺が必要としている、さわやかで澄んだ空気です。そして、神の新鮮な空気を吸い始めたら、それを吐くこともできるようになるでしょう。赦されることがどのようなものかを学ぶと、私たちは人を赦すことが可能であり、それは喜ばしいことでもあるのだと発見し始めるのです。

　私たちがイエスの食卓で祝宴にあずかるときにも、このようなきれいな空気を吸い込みます。聖餐式は、歴史上、最後の晩餐に直接結びついているというだけではありません。ありとあらゆる人と分かち合ったイエスのパーティーは、楽しく衝撃的なもので、それは驚くほどのドラマチックな罪の赦しを示したものでした。聖餐式は、そのパーティーと直接結びついています。

　つまり聖餐式は、「走る父」の話によってイエスが説明した食事と直接結びついているのです。そのイメージを心に抱きながら、聖餐式に臨みましょう。あなたがいまどんなに遠い国にいようと、どんな理由でそこにいようと、そこに長く留まる必要はまったくありません。

　あなたが「私たちの負い目をお赦しください」という言葉を口に出すころには、あなたはすでに、道を走ってきた父に抱かれていることでしょう。

5
悪からお救いください

　前の章では、「赦し」の祈りの中で、「走る父」を取り上げました。今回の「悪からの救い」の祈りでは、「待つ母」が中心のイメージとなります。

　クリスマスの讃美歌『ああ、ベツレヘムよ』の原語の歌詞には、「積年の希望と恐れが、汝のうちに今宵かなう」とあり、それはイエスが誕生した町を描いています。しかし、イエスの母マリアのことも同じ歌詞で表すことができるでしょう。「ご覧ください。私は主のはしためです」と彼女は告白し、その結果、この町に来ることになりました。悪い季節に強行せざるをえなかった危険な旅、旅行代理店によるホテルのダブルブッキング、そして、それまでの10か月間、彼女の内で揺れ動いていた希望と恐れ、それがすべて、大いなる痛み

と苦しみの瞬間に向かっていました。

　マリアの物語の中心にあるのは、この出産の痛み、つまり大いなる恐れから生まれる大いなる希望です。クリスマスイブになると、私たちは翌日のために準備をするのですが、その慌ただしさの中でも消し去ることのできないクリスマス前夜のイメージがあります。それは、夜明け前の深い闇、明けの明星（みょうじょう）の昇る前の暗闇です。多くのキリスト者にとって、このイメージはクリスマスだけではなく、人生の大半を表していることでしょう。この世界がいまだ混沌（こんとん）としているからです。

　しかし私たちは、神の新しい世界が、現在の痛みと産みの苦しみを通して生まれることを知っています。なぜなら、年老いた被害妄想の暴君［ヘロデ］が王位継承者誕生の噂を嗅（か）ぎつけたために、命が狙われる状況で世界に来た方を、私たちが知っているからです。

　この王位継承者は成長して有象無象（うぞうむぞう）の従者を集めるようになり、そのとき ID カードとして従者に与えたのが、「私たちを試みにあわせないで、悪からお救いください！」という差し迫った祈りでした。それは、この王位継承者の誕生のいきさつを考えると当然と言えるでしょう。

　この祈りは、「主の祈り」の他のすべての願いと同様に、イエスの生涯と働きに基づいています。そして、イエス自身は、これまで見てきたように、紀元 1 世紀のイスラエルの希望と恐れに深く根ざしていました。そのイスラエルは、自分たちこそが真の神の民であるという信仰にしがみついていま

した。では、この民に与えられた使命とは何でしょうか？

　初期の預言者からイエスの時代、そしてそれ以降に至るまで、ユダヤの先見者たちは、「イスラエルに与えられた使命は大きな苦難と痛みの極みに向かうもの」として捉えていました。夜の闇が深まり、漆黒となったとき、望みを失い、恐れに押しつぶされそうになったそのとき、ついに明けの明星が昇るのです。イスラエルを中心とした全世界は、患難（かんなん）の時代、産婦のような悲しみと苦痛の時代に入り、そこを通って新しい世界が生まれる。神の王国が到来し、みこころが天で行われるように地でも行われるようになるのです。つまりイスラエルの使命は、「ご覧ください。私は主のはしためです」と神に申し上げて、神の痛みと産みの苦しみ、そして悪に対する神の勝利をもたらす器（うつわ）となることでした。

　イエスはこの使命を、ユダヤ人が先祖から受け継いできたほかの多くの使命と同様に、自ら引き受けました。イエスの生涯を貫いていたのは、試み、誘惑、そして試練でした。彼は洗礼（バプテスマ）を受けるとすぐに出発して試みを受けます。その試みは、偉大で崇高な新たな使命に向かう前に通らなければならないものでした。その試みのとき、イエスはさまざまな選択を迫られるのですが、それは生々しく、そして厳しい誘惑でした。イエスは誘惑を退けましたが、それは、右の手を切り捨て、右の目をえぐり出すように感じられたに違いありません。

　その後、イエスは王国を伝えるために聖霊の力に満たされ

て戻ってきました。彼は行く先々で反対に遭いました。ある
ときは、ガダラ人のように苦悩する魂が叫び [マタ8・28-29]、ま
たあるときは、同じく苦悩する魂がパリサイ人のように、「自
分たちは理性の声、あるいは先祖伝来の声を代表しているの
だ」と言い立ててイエスを批判し、攻撃したのです。

　イエスは、自分の弟子たちからも、自分が選んだ腹心から
さえも、「下がれ、サタン」と叱責したほどの妨害を受けま
した。また、あるときイエスは、「わたしには受けるべきバ
プテスマがあります」と語り、最期を迎える直前には、弟子
たちにこう言いました。「あなたがたは、わたしのさまざま
な試練のときに、一緒に踏みとどまってくれた人たちです」。

　最後にゲッセマネでは、イエスは差し出された杯にひるみ
ましたが、その恐れを苦悩に満ちた祈りに変え、ついには神
に従って手を差し伸ばし、毒の入った聖杯を受けたのです。
これが「ご覧ください。私は主のはしためです」と告白した
マリアの子の姿。これが、悪を目の前にしたときに、神に従
う姿です。

　「私たちを試みにあわせないで、悪からお救いください」
という祈りの最も深い意味が、ゲッセマネにおいて表されま
した。イエスは「誘惑に陥らないように、目を覚まして祈っ
ていなさい」と繰り返し弟子たちに言いましたが、それは、「一
人ひとりがささいな罪を犯さないように」という思いで語っ
たのではありません。自分の全生涯が指し示してきた瞬間、
イスラエルの全歴史が向かってきた瞬間が、自分の上に押し

迫ってきているのを見ていたのです。

　ここでいう「誘惑」とは、「試練」や「患難」を意味しています。大患難、新しい時代が産まれるための陣痛、恐怖と深い闇の瞬間、それがイエスに向かって突進してきました。そして、自らの苦悩の瞬間に、自身を押し潰そうとしている悪の渦が自分の親しい弟子たちをも呑み込むのではないかと、当然のことながら心配しているのです。

　イエスは、一人で誰の助けも借りずに、この渦の中に入らなければならないことを知っていました。そうすることで、その渦はイエスの上で力を使い果たし、世界の人々が自由にされるからです。だからこそ、イエスの弟子たちは祈らなければなりません。「私たちを試みに、大患難にあわせないで、悪からお救いください」。

　イエスはこの祈りを弟子たちに教えたのですが、イエス自身が祈ったときに神から来た応えは「否」であったことを、私たちはしっかりと理解しなければなりません。イエスはこの祈りを、「主の祈り」の前半にある「みこころが……行われますように」と一つにしました。イエスはこの二つの祈りを並べることによって、神のみこころは、自分を唯一無二の働きに召すことなのだと理解しました。イエスは、試みに遭うように導かれ、悪から救われない者となったのです。

　ここで、私たちは偉大な神秘に目が開かれていきます。つまり、私たちがクリスマスだけではなく、マリアが「私は主

のはしためです」と応えた受胎告知も祝うのは、[19] すべてが、この受胎告知に行き着くからなのです。当時のユダヤの多くの乙女たちは、メシアを産んでイスラエルの王の母となることを望んでいました。しかし、それが現実となるためには、マリアの夢も粉々に打ち砕かれなければなりませんでした。イエスは、母マリアや当時の人々が考えていたようなメシアとして召されたのではないからです。かつてアルベルト・シュバイツァーが言ったように、イエスは世界史の車輪の前に身を投じるように召されました。その結果、自分は押しつぶされましたが、その車輪が逆方向に回り始めたのです。

この召しは、イエスだけのものであり、私たちはついていくことができません。だからこそ私たちは、悪の力から救われるように祈りなさいと命じられています。そして、私たちが確信をもってその祈りを捧げることができるのは、イエスがその悪の力と対峙して決定的に打ち負かしたからなのです。

では、悪とは何でしょう？　私たちはどのようにして悪から救われるのでしょうか？　この問いには、前章の罪悪感の問いと同様に、三つの間違った答えがあります。

第一の答えは、「臭い物に蓋をする」アプローチ、「悪というものは実際に存在しないか、存在しても大した問題ではない」というふりをすることです。「確かに人は愚かなことをするが、皆がもう少し努力すればうまくいく」と言うのです。

19 英国国教会では 3 月 25 日に受胎告知を祝っている。

しかしそれは、家が火事になっているときに、「確かに少し暖かくなってきたけれど、皆で服を一枚脱いで、冷たい水をもっと飲めば大丈夫」と言うのと同じくらい無意味なことです。

第二の答えは、第一の答えの反対で、「我々は悪に飲み込まれ、すべてが悪に覆われている」と思うことです。恐ろしい悪というものが実在し、それが自分よりもはるかに強力であることを知ると、自分自身が悪になるか、あるいは疑心暗鬼になってあらゆるところに悪霊を見るようになるか、のどちらかになります。どちらにしても、あなたは負けています。屈服して、悪に支配されているのです。

第三の答えは、自己正当化です。「主よ、私がほかの人々とは違うことを感謝します。確かに悪は存在しますが、我々は正しく、聖なる者であり、白馬に飛び乗って、悪と戦うために出陣するよう召されています」と。しかし、自己正当化的な戦い自体が悪の現れであるとしたら、どうなるでしょう？

単純化しすぎるかもしれませんが、イエスの時代では、悪を最小限に見る第一のアプローチがサドカイ派、悪の事実に飲み込まれる第二のアプローチがエッセネ派、悪と戦う第三のアプローチがパリサイ派であったと言えます。イエスはそのどれにも組せず、弟子たちにもそうさせませんでした。イエスの方法は、悪の現実と力を認め、御国の告知が生み出す現実と力をもってそれに立ち向かうことです。その結果がゲッセマネであり、カルバリでした。

イエスが弟子たちに求めた道は、同様に、悪をありのまま

に認め、そして「悪からお救いください」という祈りを学ぶことです。「主の祈り」の最後にある「試み」と「悪」についての願いを省くことは、第一の間違った道となります。「試み」や「悪」についての祈りをいちばん重要な部分とすることは、第二の間違った道です。自分自身を祈りの答えと見なし、その徳によって世界が悪から救われるとするのは、第三の誤った道です。

　「悪からお救いください」というこの祈りは、「主の祈り」全体の中で適切なバランスを保っています。イエスが望まれたのは、弟子たちが悪の現実だけではなく、悪に対するイエスの勝利という現実をも認めることでした。私たちも、バランスの取れたこの両面を学ぶ必要があります。

　悪は現実であり、強力です。それは他の人々の悪といった外にあるものだけではなく、私たち一人ひとりの中にも存在し、活動しています。さらに、「悪」とは、すべての悪の衝動や行動を合計しただけのものではありません。人間が神ではないものを崇拝するとき、破壊と悪意の力に権威を与えます。そして、それらの力は集まり、一つとなってさらに力を得ることになります。

　何世紀にも渡るキリスト教の歴史の中で、賢明な人々がこの力を擬人化し、告発者サタンという名を与えました。しかし、「サタン」、または「悪しき者」は、神と同等でもなければ、神に対峙できる存在でもありません。しかし、「彼」、あ

るいは「それ」は強力な力であり、神の良き創造世界、とり
わけ神がその世界を治めさせようとした人間に敵対していま
す。もし、そうでなければ、「主の祈り」の最後の願いは蛇
足でしかありません。

　しかし、悪に対するイエスの勝利もまた、現実的で力強い
ものです。それは 2000 年前の歴史的事実として「そこにあ
った」だけではなく、私たち一人ひとりが、いまここで手に
入れることのできる勝利です。人が偶像崇拝をやめ、カルバ
リで啓示された神を礼拝するならば、人は闇から光へ移され、
強い者 [サタン] から強い者を縛ったお方 [イエス] へと向かいま
す [マコ 3・26-27]。「私たちを悪から、あるいは悪しき者からお
救いください」と祈ることで、十字架の勝利を自らの内に取
り込み、それによって自分自身と世界の中にある破壊の力に
対して、もう一瞬、もう一時、もう一日と、対抗していくこ
とができるのです。

　悪を本格的かつ根本的に分析することをためらう傾向があ
ります。その唯一の理由は、神が悪に対し、十字架において
徹底的かつ根本的に対処したことを忘れてしまうからでしょ
う。私たちは、自分の内に潜んでいる悪に直面することを本
能的に恐れています。おそらく、神がその悪を解決してくだ
さるとき、自尊心が傷つくのではないかと恐れているのです。

　そのように恐れることは自然なことです。しかし私たちは、
マリアの痛みを分かち合うようにと召されています。その痛
みとは、神の希望と恐れを担う者の痛み、世界の希望と恐れ

の焦点となる者の痛み、すなわち、「神の母たち」[20]であること
の痛みです。しかし、恐れていようといまいと、これが、私
たちが歩むようにと召されている道なのです。

もっと具体的に考えてみましょう。「主の祈り」の中でも
この箇所は、[恐れと希望という]両面があり、私たちは、その祈
りを用いて、イエスの計画と召しが持つこの部分を自分の内
に取り入れようとします。そして、それを私たちの生活と仕
事の中で、また生活と仕事を通して、もう一度、血肉としよ
うとします。では、そこにはどのような意味があるのでしょ
うか?

それは、何と言っても、苦しみ闘う覚悟を意味します。イ
エスは洗礼(バプテスマ)を受けた直後、荒野に出て行って、自分の心の中
でこだまする囁き(ささや)と嘲り(あざけ)、甘い言葉と策略の声に直面し、そ
れが、敵の声だと分かりました。もし、イエスがそのような
道を通らなければならなかったとしたら、私たちだけがその
ような道から免れることができるでしょうか?

「子よ」と、ユダヤの知恵深い老著者ベン・シラは私たちに
呼びかけ、こう語ります。「主に仕えようと思うなら、自ら試
練に備えよ」(シラ2・1)[21]キリスト教信仰と献身の核心は、明
らかな妨害や誘惑にあっても、信仰を保ち、献身を貫くこと
です。

「私たちを試みにあわせず」とありますが、神は人を試み

---

20 「神の母」とは、マリアを指すが、ここでは複数形となっている。
21 旧約聖書続編「シラ書」。

暗闇の中に進み行き、そこもまた神のものであること
るためです。そして、私たちが「主の祈り」を唱え
い夜に足を踏み入れたという事実は、夜が明けるとき
単なる歓声ではなく、栄光そのものが目覚めることを
す。

はちょうど、突然の光を浴びて、まばたきしながら母
上げた赤子が、母親の顔の中に、母親の心の中に、希
望を見て喜びの泣き声を上げるようなものです。それ
恐れに勝利し、私たちを悪から救い、ついには神の
たらすという希望と約束なのです。

にあわせる方だというのではありません。この言葉には、三つのレベルの意味があります。第一に、「全世界に迫っている大患難、大きな試みから逃れさせてください」という意味。第二は、「私たちが耐えられないような誘惑にあわせないでください」という意味（Ⅰコリ10・12-13と比較）。最後は、「信仰の試みを私たちが無事に通過できるようにしてください」という意味です。

　ここで「通過できる」というのは、言い換えれば、受胎告知の言葉を聞いた後、震えながらも、「ご覧ください。私は主のはしためです」と言えるようにしてください、ということです。「みこころが行われますように。私たちを悪からお救いください」。このようにして私たちは、全世界の喜びと痛みが自らの人生の中で再びまみえる人となり、その結果、神の新しい世界がついに誕生していくのです。

　そこに向かう具体的な歩みは、一人ひとり違います。私たちはそれぞれ違う状況の中で試みや誘惑に立ち向かっているからです。ところが、そうすることで私たちは、より大きなものの中に包み込まれていきます。というのは、私たちは、すべての時代の希望と恐れを一つにして取り扱うという、生ける神の大いなる働きの一部だからです。私たちの内にある希望と恐れに対して、神がやさしく力強く呼びかけるのを聞くと、次には、私たちが同じその呼びかけをより広い世界に向けて発する器となるように召されるのです。

　マリアは自らを、つまり自分の喜びと痛みを献げました。

私たちはそのマリアと共に、世界の救いのために祈るよう招かれています。弟子たちは混乱して眠くなり、苦闘しながらもイエスと共に祈ることができませんでした。その弟子たちと共に祈るよう招かれています。そして何よりも、ゲッセマネで嘆き、カルバリに向かってよろめき歩くイエスご自身と共に祈るよう、私たちは招かれているのです。

そのように祈ることによって、その視点から世界を見つめ、真剣に祈るように招かれることになります。「私たちを試みにあわせないでください！　悪からお救いください！」と。これは神の王国のための祈りの一部です。破壊の力、人間性を奪う力、被造世界を破壊しようとする力、贖罪を妨げようとする力が、束縛され、くつわをはめられるようにとの祈り、神の良い世界がその泥沼に吸い込まれないように、との祈りなのです。

この祈りを捧げる私たちの責任は何でしょうか。それは、かけがえのない、しかし不安定なこの世界を私たちの目の前に置き、言葉にならないことが多い世界の叫びをすべて集めて、助けと救いと解放を求めることです。

私たちを戦争の恐怖からお救いください！　人間の愚かさと、それが引き起こす恐ろしい事件から私たちをお救いください！　私たちの町が、貧富の差が激しい社会になりませんように！　私たちが、社会的な暴力や、それに反対する独善的な反応に飲み込まれないようにしてください！　傲慢さや誇り、そしてそこから生まれるおぞましいことから私たちを救って

ください！　私たちを、自分自身からからお救いください！

私たちは、自分を安全地帯に置い……げることはできません。ちょうどマ……王国が自らの中に産まれることに、……初めて祈ることができるのです。理……エスに従ってゲッセマネに行くように……と答えるときに、痛みのある場所に……の名によって共に負うようにとの呼……るときに、ゲッセマネで嘆き、カル……人々のその痛みを祈りつつ担うよう……と答えるときに初めて、祈ることが……

パウロは、ドラマチックで大胆な……リストの苦しみの欠けたところを満……24)と語りました。また、彼の最も……「教会が世界の中でうめくように、……という観点から祈りを説明していま……

したがって、「主の祈り」のこの……招きは、受胎告知の民、ゲッセマ……の民となるようにとの招きです。私……で生き、そこで祈るように招かれ……の希望と恐れ、喜びと痛みが、聖……の中で、神の希望と恐れ、神の喜……

イエスがこの祈りを私たちに与……

立って
を発見
つつ暗
には、
意味し
それ
親を見
望と約
は、神
王国を

6

力と栄え

「そのころ、全世界の住民登録をせよという勅令が、皇帝
アウグストゥスから出た」とルカの福音書は記しています。
この言葉は、クリスマス礼拝でいつも繰り返されるので、よ
く知られるようになりました。そのため、ルカがこの箇所で、
そしてその福音書全体を通して何を伝えようとしているか
を、私たちは立ち止まって考えなくなってしまったかもしれ
ません。

　ルカの福音書2章1節から14節をお読みください。この
短い段落の中で、ルカは物語の焦点をローマの偉大な皇帝
から、世界を支配することになる新しい王へと移していま
す。どちらの王のために天の軍勢が歌うかについて、ルカに
は微塵の迷いもありません。よく知っているようでありなが
ら、じつはほとんど理解していないこの物語を注意深く見る

とき、私たちは、「国と力と栄えはあなたのものだからです」という祈りの意味をかいま見ることができます。

イエス誕生のとき、皇帝アウグストゥスはすでに四半世紀に渡って自分の支配地域の統治者でした。彼は、ジブラルタルからエルサレムまで、イギリスから黒海までの領土を支配する王の中の王であり、それまでの200年間、誰もできなかったことを成し遂げました。広大なローマの全地域に平和をもたらしたのです。それには代償が伴いました。遠く離れた国の臣民は税金を払い、ローマで共和制が失われたことを嘆く人々も、それなりの代償を払ったのです。

いまやすべての権力は一人に集中し、その王国は全地に広がっていました。そして、古代史の大家アルナルド・モミリアーノが言ったように、「(アウグストゥスは) 帝国の利益と、彼自身の栄光という神話がゆるがない限り、平和を与えました」。一言で言えば、人間の帝国が持つ曖昧な構造[22]のすべて、すなわち、絶対的な力を持つ王国が、最高権力者に栄光をもたらし、その権力者の好意を受けた人々に平和をもたらしたのです。

ルカは、「いま起こっていることを見よ」と呼びかけます。この者、この王、この絶対君主が、ローマで小指を立てると、2400キロも離れた名もない地方で、若い夫婦が危険な旅に出て、その結果、小さな町で子どもが生まれました。その出来

---

22 現代の帝国主義分析に使われる言い方で、帝国は絶対権力を行使するために、政策や方針に一貫性を持たせないという意味と思われる。

事があった町は、古代ヘブライ人の預言によると世界の王となるメシアが生まれると言及された町でした。しかも、この子の誕生のときに天の軍勢が栄光と平和を歌います。

　果たしてどちらが本物の王で、どちらが物まねでしょうか？

　ここで、私たちはもう一度立ち止まって考える必要があります。なぜなら、ルカが私たちに想い起こさせようとしているミカ書5章のその箇所は、あまりに有名でありながら、ほとんど注目されてこなかったからです。「ベツレヘム・エフラテよ、あなたはユダの氏族の中で、あまりにも小さい。だが、あなたからわたしのためにイスラエルを治める者が出る」（ミカ5・2）とあります。

　公の場で朗読される場合、この箇所は通常、2節か3節で終わりますが、次の4節では、アウグストゥスを不安にさせるようなことが述べられています。「彼（つまり、来るべき王）は立って、主（ヤハウェ）の力と、彼の神、主（ヤハウェ）の御名の威光によって群れを飼う。そして彼らは安らかに住まう。いまや彼の威力が、地の果ての果てまで及ぶからだ」。そして、次の節でこう続きます。「平和は次のようにして来る」。

　この平和はどのようにして来るのでしょうか？　次の数節で、ユダヤのベツレヘムで生まれたこの来るべき王が、外国の皇帝の手から民を救い出す方法が述べられています。ミカの時代は、これはアッシリアの王のことでしたが、ルカの時代の読者はたやすくローマと解釈したことでしょう。ルカ自

身も後世の人々が同じように、それぞれの時代に適用することを望んだことでしょう。

　ヘロデ王は、東方の博士たちの話を聞いて不安になりました。もし主の使いが羊飼いに語ったことを誰かがアウグストゥスに伝えたならば、アウグストゥスも不安になったことでしょう。

　素朴な羊飼いたちが幼い王に敬意を表すというロマンチックで牧歌的な風景と思っていたものが、ルカの書いていることに注意を向けると突然違ったものに見えてきます。それはじつは、対立する運命にある二つの王国についてはっきりと述べていて、両者の「平和と力と栄え」に関する定義は、根本的に異なっているのです。

　イエスが生まれた年に60歳を迎えたローマの年老いた王は、異教の王国が成し遂げ得る頂点に達していたと言えるでしょう。少なくとも彼は、平和と安定が良いものであることを知っていました。しかし残念なことに、彼はそれを実現するために多くの人を殺し、それを維持するためにさらに多くの人を殺さなければなりませんでした。しかも彼の本当の関心事は、自分の栄光でした。実際彼が死ぬ前から、多くの臣下が彼を神格化し始めていたのです。

　対照的に、ベツレヘムの若い王は、首に賞金が懸かった状態で生まれてきました。この王は、異なる種類の帝国、異なる種類の力、異なる種類の栄光、異なる種類の平和という危険な代替案を示しました。この二つのシステムは互いに対抗

していますが、そこに大きな違いがあります。たとえて言うと、アウグストゥスの帝国は、夜の闇に囲まれた明るい部屋のようなものです。ランプが美しく配置され、きれいな模様を浮かび上がらせていますが、外の闇に打ち勝ったわけではありません。しかしイエスの王国は、明けの明星が昇るようなものです。ロウソクの火を消してカーテンを開ける時が来た、新しい日が始まろうとしている、と知らせています。

「いと高き所で、栄光が神にあるように。地の上で、平和がみこころにかなう人々にあるように！」。

「主の祈り」を「国と力と栄えとは、とこしえにあなたのものだからです」という言葉で締めくくるとき、私たちは現実が持つこの二重性を見ることになります。

　この結びの頌栄[23]は、マタイでもルカでも、最良の写本に登場せず、西方教会の典礼に復活したのも、ここ数世紀の比較的最近の出来事です。しかしこの結びは、イエスの時代から1世紀ほどのうちに定着していました。そしてイエスの時代のユダヤ人の祈りのスタイルから考えると、イエスが「悪からお救いください」で祈りを終わらせたとは思えません。最初から、現在のものと似たような形で閉じられていたに違いないのです。

　いずれにしても、その部分は「主の祈り」全体のメッセージと調和しています。神の王国、神の力、神の栄光こそが、「主

23　ミサや礼拝で神をたたえる短い祈りの言葉。

の祈り」のすべてなのです。それは、いまの現実に代わるこのヴィジョンが、単なるヴィジョンで終わらず、現実になるようにとの祈りです。ベツレヘムの赤子こそが真実の王であり、アウグストゥスはその滑稽な物まねであるように、との祈りなのです。

この結びの祈りにも、イエスの生涯と働きのすべてが集約されています。ヨハネは、次のようにまとめています。「ことばは人となって、私たちの間に住まわれた。私たちはこの方の栄光を見た。父のみもとから来られたひとり子としての栄光である。この方は恵みとまことに満ちておられた」［ヨハ1・14］。

ここで、「栄光」が再定義されていることに注意してください。「ことばが人となった」ことには、アウグストゥス・カエサルやその類いの人々が目指しているような栄光を見ることはできません。そこに見られるのは、神自らの姿によく似た栄光です。カエサルの栄光は、残忍な強さと曖昧さに満ちていますが、神の栄光、つまりイエスの栄光は、恵みとまことに満ちています。家畜小屋で生まれた王家の赤子は、人間の帝国が表すすべてのものを転覆させるのです。

ヨハネの福音書の最後のほうでは、この二つの帝国が真っ向からぶつかっています。それは、ローマの総督ピラトが次の二つの質問をイエスに投げかける場面です。

「私にはあなたを……十字架につける権威もあることを、知らないのか？」

「真理とは何なのか？」

これは、世の「王国と力と栄光」を典型的に表す言葉であり、人々が聞き慣れているものです。権威と真理という二つの面が表裏一体となっていることに注目してください。

異教の帝国は、「私の王国を支持しなければ、お前を殺す」と脅迫します。そうするためには、「真実など存在しない」と言う必要があるわけです。そして、もし誰かが真実を語るだけでなく、真実を生きているとしたら、異教の帝国はその人を殺す以外に方法がありません。

では、イエスはどのように応えたのでしょう。イエスはピラトに、すべての力はいと高き所から来ることを静かに想い起こさせ、そして、真実であること、つまり世界の救いのために、神の愛を真に生き続けることで応えました。

ルカが語る飼い葉桶の中の赤子のメッセージは、真実と平和という言葉、何よりも、王国と力と栄光という言葉の意味を、根底からすべてを定義し直すよう招いています。そのことにより、異教の最強の帝国にさえも力強く対抗しているのです。

「主の祈り」のこの最後の部分は、イエスの生涯と働きの二つの面を指し示していて、私たちがこの小さな本を役に立たない書で終わらせないためには、この二つの面を正しく捉えなければなりません。私たちは、イエスが神を「父」と呼ぶ意味を学びました。また、豊かに与えられる日々の糧と驚くべき赦しという、神の王国が持つ二つの革命的な意味を学

びました。私たちは、イエスが闇の中に入って悪と対峙し、その縄張りの中で悪を打ち倒したのを見てきました。しかしいまここで、全体をまとめてみると、イエス自身について何が言えるでしょうか？

　そのヒントは、イエスが語った不思議な話にあります。イエスは、主人や王様、あるいは父親がどこかへ行き、また戻ってくるという話を何度も語りました。使用人たちが留守のあいだに何をしていたかを知るために戻ってくるのです。このテーマは、王国の章で簡単に触れました。教会はかなり早い時期から、これらの話はイエスの再臨を指すと解釈してきました。イエスは昇天して去っていき、終りの日に、救い主、そして裁き主として戻ってくるというのです。しかしイエス自身は、少なくとも基本的には、そのような意味で語ったのではないと私は考えています。

　イエスの話を聞いていた当時のユダヤ人は、何といっても神の王国の到来を熱心に待っていました。イザヤが来るべきメシアについて語ったとき以来、ヤハウェがシオンに帰るというテーマは、神の王国の到来の一部でした。確かにイスラエルの神は、罪を犯した民を見放し、捕囚に追いやりましたが、ついに異教の支配者を破り、全地の王となるために戻ってこられる——これが国と力と栄えのテーマであり、フルオーケストラとパイプオルガンの演奏のように高らかに唱えられていました。「このようにして主の栄光が現されると、すべての肉なる者がともにこれを見る」[イザ40・5]。

　イエスは、ついにこのことが成就したと語るだけではなく、自分の働きの中で、その働きを通して、その預言が成就しているかのように振る舞いました。しかしイエスの言動は、フルオーケストラの大音響を木管楽器の静かな音色に変えたようなものでした。イエスは、ある身分の高い人が遠くに出かけ、自分の留守中にしもべたちが何をしているのかを知るために戻ってくる、という重要な物語を語りましたが、そのときイエス自身はエルサレムに近づいていました。そして、そのたとえ話の警告がまだ弟子たちの耳に残っているうちに、ロバに乗ってオリーブ山を越え、都を見下ろし、泣いて言われました。──「もし、平和に向かう道を、この日おまえ［エルサレム］も知っていたら。しかし今、それはおまえの目から隠されている。おまえの敵であるローマが来て、おまえを滅ぼすだろう。それは、神の訪れの時をおまえが知らなかったからだ」。

　そう言ってイエスは都に入り、神殿に対する裁きを比喩的に演じました。これこそ現実となった神の訪れです。──あなたがたが尋ね求めていた主が、突然、その神殿に来る。誰が、この方の来られる日に耐えられよう？［マラ3・1~2］

　イエスはベツレヘムのイエス、平和の君として来ました。しかしエルサレムは、イエスによる平和の道を拒み、代わりに剣の道を選びました。それはイエスがペテロに語ったように、滅びに至るのです。[24] イエスは成人したとき、御使いが自

────────────
24　紀元70年のローマ軍によるエルサレム陥落を指す。

分の誕生のときに歌ったメッセージを実行しました。ところが、この方が自分のところに来ると、自分の民はこの方を受け入れなかったとヨハネは語ります［ヨハ1・11］。

ルカは、ヨハネが語っていることを自分の方法で語っています。つまり、イエスはイスラエルの神の単なる代弁者ではなく、神の言葉そのものであり、人となったイスラエルの神であり、ヤハウェがシオンに帰還することを自らの行動で明確に表したのです。

この時もまた、カエサルから勅令が出て、2400キロ離れた所で大きな影響を与えました。反旗を翻した王が十字架につけられたのです。祭司長たちが総督ピラトに言ったのは、「この男を釈放するなら、あなたはカエサルの友ではない」ということでした。若いユダヤ人が、涙を流しながらオリーブ山を越え、神殿から商人を追い出し、カエサルの王国の命令を受けて死んでいく。これこそが、「主の栄光が現されると、すべての肉なる者がともにこれを見る」という古代の約束が成就したときの姿です。

そしてルカはもう一度、私たちに気づかせようとしています。御使いたちは、神が栄光を受け、平和の道がついに実現されると歌っていましたが［ルカ2・13~14］。このようにして、国と力と栄光の意味が究極の形で再定義されました。カエサルが自らの栄光のために立てた計画が、神によって真の王国を確立するものに変えられたのです。

　では、私たちは「主の祈り」のこの最後の部分を受け止め、それを用いて、イエスのメッセージ、イエスの計画、イエスの生涯そのものを受け止めて、自分のものにするにはどうしたらよいのでしょうか？　三つを挙げて結論としたいと思います。

　第一に、これは宣教と派遣の祈りです。もし、イエスが全世界の真の王であり、イエスの王国が力と栄光の定義を変え、その結果、真の力と栄光が、飼い葉桶で、十字架上で、復活の庭で見られるのであれば、この祈りを献げることは、この王国、この力、この栄光が全世界に満ちるようにと祈ることです。

　私たちがそれぞれの生活の中で、この神の王国のヴィジョンに従って生きることは、確かに必要な出発点ではあるのですが、それだけでは充分ではありません。王の王である方の主張が、世の王たちに突きつけられることによって、このヴィジョンが現実になるように私たちは祈り働かなければならないのです。

　私たちは、この祈りを捧げながら、カエサルの王国の力と栄光に黙って従うことはできません。もし皇帝アウグストゥスが、この祈りが唱えられているのを聞いたなら、何が起ころうとしているかよく分かったでしょう。そして王座の上で震え上がったことでしょう。

　もし教会が、神の王国によってこの世の国を転覆させる覚

悟がないのであれば、正直なあり方はただ一つ、「主の祈り」そのものを、特に最後の頌栄を捧げるのをやめることです。

第二に、これは受肉の祈り、そして力に満たされるための祈りです。イエスが王国を生きたのは、彼が正当な王であっ・たからです。私たちも、イエスと共に聖なる大胆さを持って神を「アバ、父よ」と呼びます。イエスの霊によって、私たち自身も油を注がれたことを信じています。もちろんこの「油注がれた」というのは［王である］「メシア」を意味するものです。教会はこの「主の祈り」を、王家の新しい一員として捧げます。ただし、王の権威やその一族の意味は、飼い葉桶と十字架によって根本的に再定義されました。そして教会は、再定義された意味によって生きていきます。イエスが何の権威によって行動しているのかと問われたとき［マタ21・23］、自分の油注ぎに言及して答えました。25 そのように、教会は真の王の民、キリストの民として世界の中で活動すべきであり、王であり、油を注がれた者としての自らの立場を述べ、その行動を弁明する準備ができていなければなりません。したがって、この祈りを捧げるとは、私たちが、油注がれた御子にあって神の栄光のために働きつつ、イエスの霊の力を求めることなのです。

第三に、これは確信と献身の祈りです。この祈りは、ほかのすべての祈りを締めくくり、それを確証する祈りです。神が王であり、イエスにおいて王となられたからこそ、私たち

---

25 マタイ21章では繰り返しイエスのメシア性が主張されている。

は確信を持って「主の祈り」のほかの部分を祈ることができるのです。福音書には、イエスの御名（みな）で祈るときに起こることについて、驚くべき約束が多く記されています。この約束を真剣に受け止める人は、「私が祈ると偶然の一致が起こり、私が祈るのをやめると偶然の一致が起こらなくなる」（ウィリアム・テンプル₂₆の有名な言葉）とよく語ります。

　もちろんイエスの御名による祈りは、魔法ではありません。時に、そのように使おうとする人がいますし、それに反発して、子が父に祈るときのような大胆さや確信から身を引く人もいます。むしろ、イエスの御名で祈ることは、「強い者」［サタン］よりもはるかに強い方の名を呼ぶことです。世界の造り主は、この方を通して、王となり、世の力を奪い、十字架の力でそれを打ち破り、世の栄光に立ち向かい、十字架の栄光を世の栄光より優（まさ）るものとしました。イエスの御名で祈ることは、この方に訴えることなのです。

　イエスの時代の人々は、自らの要求を皇帝の名によって権威付けると、人々は驚いて注目しました。そうであるならば、私たちが真（まこと）の「王の中の王」の御名で祈るとするならば、どれほどのことが起こることでしょうか？

　もちろん、私たちがイエスの御名で祈るとき、イエス自身に焦点を当てると、祈りの内容が微妙に変化していくことに何度も気づかされます。なぜそのような変化が起こるのでしょう。私たちは、飼い葉桶で産まれた不名誉な栄光や十字架

26　1940年代にカンタベリー大主教となった英国国教会の司祭。

の無力な力のうちに現されたイエスを見つめます。そのとき、事の大小にかかわらず、自分の計画や願いを保留にし、それを神に作り直していただく心構えができるからなのです。

　しかし、私たちがその変化を少しずつでも受け入れ、次に聖なる大胆さをもって御父の前に出るとき、私たちは発見します。御父がご自身を愛する者のために、人知を超えた良いものを確かに用意しておられることを。

　チャールズ・ウェスレー[27]は、イエスが初めに来られたことを祝い、すべてを成就するために最後に戻って来られることを待ち望みつつ、「主の祈り」の結びの雰囲気を捉えて、次のように書きました。

　　ああ、アーメン！　すべての人があなたを崇めますように。
　　永遠の王座の高みにおられるあなたを。
　　救い主よ、力と栄え、そして
　　王国をご自分のものとしてください！
　　早く来てください。
　　ハレルヤ！　来てください、主よ、来てください！

---

27 18世紀の英国のメソジスト運動の指導者、讃美歌の作詞家。紹介されている詩は、待降節で歌われる賛美歌、Lo He comes with clouds descending（讃美歌173番）からの一節。

訳者あとがき

　本書に収められた説教が語られた場所は、イングランドの中央、バーミンガムに近いリッチフィールドに建てられている大聖堂です。この大聖堂には、580もの教会が属するイギリス最大の司教区の司教座があり、1300年もの歴史がありながら、その働きは社会に開かれていて生き生きしています。大聖堂は、1995年に新会堂建設800周年（！）を祝ったのですが、著者はそのアドベントの時期に連続説教を語ったのでした。

ライトとの出会い

　私は、1998年ごろ、留学先のイギリスの大学で、クレイグ・バルソロミューという教授から『キリスト者の世界観——創造の回復』(1) という本を紹介されました。その本を通して、「主イエスの救いは、被造世界を回復し、完成するもの」という福音理解と出会いました。それから間もなく、同様の理解を持つものとして同じ教授から紹介されたのが1999年3月に出版されたばかりの『新天新地』(2) という40ページ余りの小冊子でした。これが、ライトの著書との最初の出会いです。その内容は、いまから振り返ると、その前後に出版されたライトの主著のいくつかのポイントを終末論に焦点を当てて凝縮したようなものでした。

ライトの神学と「創造の回復」

　その後は、自分なりに旧約聖書を創世記から少しずつ読み進

め、そこに「創造の回復」という視点が貫いていることを確認していきました。しかし、いざ新約聖書に入ろうとしたときに戸惑いを感じました。旧約聖書と違って、ギリシア的な二元論を含んでいるように見えたからです。そこで、新約聖書にアプローチする際に、ライトの本を参考にするようになりました。ライトは自分の主著の一つ『新約聖書と神の民』(3) で、自分の認識論と神学的枠組みを述べていますが（第二部）、その枠組みが「創造の回復」です (p.244)。そしてライトは、「主なる神がイスラエルと全世界の王となり、全地に正義と愛と平和を永遠にもたらす。その約束がイエスにおいて成就し、イエスの民を通して展開している」と捉えました。それによって、「創造の回復」という視点が、旧新約聖書を貫いていることを聖書神学的に示した、と私は考えています。

ライトへの反論

　2010 年に、私はライトと実際に会ったことがあります。米国アトランタで開かれた学会で、ライトがジョン・パイパーの代理の学者と信仰義認について論議するセッションが開かれ、そこで初めてライトの講演を実際に聞くことができました。講演後に言葉を交わす機会もあり、柔和でユーモアがあり、かつ力強いライトの話し方と人柄に惹かれたことです。

　2010 年当時もいまも、ライトの解釈に対するさまざまな反論に触れることがあります。もちろん、一神学者の考えすべてが正しいということはありえません。私にとっても賛同できない点は少なくないのです。しかし興味深いことにその反論の多くは、ライトが一番伝えたいことではなく、派生的な事柄だと思えます。

　「死んだら永遠に天国」という新プラトン主義が西方神学に深く混入しました。また、「天国か地獄か」という古代のギリシア思想がダンテによって中世ヨーロッパに広がりました。近現代のプロテスタント神学の根底に横たわり、その構築を支えてきたのは、啓蒙主義思想です。私たちが、自身の持つそのような思想や前提に気がついて聖書そのものに向かうときに、何が見えてくるのか。それを探求する営みの一つの例を示したのがライトではないか、と私は考えています。私たちがライトから受けているこのチャレンジの本質を、また彼の貢献を受け止めて欲しいと願うものです。

ライトとメディア

　ライトは、世界各地で講演し、それが、YouTube などのインターネットで公開されています。また、自身のコースもネット上で開いています。ライトの著作の多くは、特に、学術書は難解で大著ですが、ライトの講演ではそのエッセンスが、はるかにわかりやすく、短く伝えられています。ですから、私たちは動画を通して彼の姿を見、容易にその神学と思想の真髄に接することができるのです。英語のできる方にとっては、ネットはライトの世界を知る貴重なツールです。この現象は、今後の神学的発信のあり方の一つを示しているかもしれません。

本書を理解するために

　「主の祈り」について著者は、「非常に凝縮された形ですが、イエスの歩みを完全かつ正確に要約してい」ると語っています。それを解き明かそうとする本書は、頻繁に旧約聖書に言及しな

がら、新約聖書を縦横無尽に行き来します。そのため、本書を自らのものとするためには、何度かゆっくりと味わいつつ読むことが必要かもしれません。また、本書の巻末に挙げられているようなライトによる他の入門書、また、「聖書を読む会」発行の『神のご計画』(4) が、本書の理解を深める上で助けになるでしょう。

神学、霊性、実践

　私はかねがね、主イエスがどのようなお方かを学んでいくこと（神学）、その主イエスを前に自分の心と思い、そして生き方の方向性を整えつつ祈ること（霊性）、そして、その実りとしての日々の生活（実践）という三者は、本来一つであり、どれが欠けても健全ではないと考えてきました。

　ライトは、膨大な量の神学的著作物を通して、私たちを大きく聖書に近づけてくれましたが、それだけではなく、『信じた後に』（*After You Believe* 邦訳未刊）のような実践・聖化についての本も執筆しています。そして、本書では、神学、霊性、実践の三者が、「主の祈り」を解き明かすなかでみごとに溶け合い一つとなって、私たちの心に迫ってきます。祈りに困難さを感じてきた私は、この書に触れてから、主の祈りを基本に祈りを回復してきたと感じています。

おわりに

　いつかこの書を訳したいと願ってきましたが、あめんどう社の小渕春夫氏の後押しで実現したことを感謝しています。

　関西聖書神学校校長の鎌野直人先生には、本書の原稿の段階

で丁寧に目を通していただき、じつに多くの貴重な助言をいただきました。そのご労苦に心より御礼を申し上げます。もちろん、本書のつたない訳文や翻訳上の誤りの責任は、すべて訳者にあります。

　本書を訳した時期は、ロシアの権力者が自らの利益と栄光を求め、プロパガンダと武力を用いてウクライナを侵略した出来事と重なっていました。独裁的な指導者が支配する帝国の本質は、偽りと力であり、それはいまも変わらないことがあらわにされました。そして、キリスト者はいまも変わらずに、そして、日本でもますます、異教の王国の偽りと権力と栄光に対峙するよう求められているのだと感じます。

　本書の助けによって、私たちが「主の祈り」を共に祈り、「主の祈り」を共に生きる神の民として成熟していくことを切に願っています。

　　2023 年 5 月

　　　　　　　　　　　　　　　　島先克臣

(1) 2018 年に邦訳の増補改訂版が教文館より出版された。
(2) *New Heavens, New Earth* - The Biblical Picture of Christian Hope. (Grove, 1999)
(3) N.T. ライト『新約聖書と神の民』(上・下) 山口希生訳 (新教出版社 2015, 2018)
(4) 『神のご計画』(聖書を読む会 2020)

著者 N・T・ライト（トム・ライト）
セント・アンドリュース大学新約学および初期キリスト教学研究教授およびウィクリフ・ホール(オックスフォード)上席研究員。リッチフィールド主席司祭、ウースター・カレッジ(オックスフォード) 特別研究員、ウェストミンスター・カノン神学者他を歴任。元ダラム主教 (2003-10)。80 冊以上の著作がある。
邦訳：『新約聖書と神の民』（上・下 新教出版社）、『クリスチャンであるとは』『シンプリー・ジーザス』『驚くべき希望』『シンプリー・グッドニュース』『神とパンデミック』（以上 あめんどう）、『使徒パウロは何を語ったのか』『イエスの挑戦』（以上、いのちのことば社）、『悪と神の正義』N.T.ライト新約聖書講解全 18 巻シリーズ（以上 教文館）。

訳者 島先克臣（しまさき・かつおみ）
埼玉県生まれ。立教大学文学部、聖書神学舎、米国ゴードン・コンウェル神学校旧約学修士過程、現英国グロースターシャー大学旧約学（ヘブライ語言語学）博士過程終了。国内での牧師、フィリピンへの宣教師、同国アジア神学校（ATS）准教授、日本聖書協会・聖書協会共同訳コーディネーターを経て、現在、聖書を読む会総主事。
著書：*Focus Structure of Biblical Hebrew*（CDL Press）
訳書：ティンデール注解シリーズ『雅歌』『わが故郷、天にあらず』（以上、いのちのことば社）

イエスと主の祈り

2023年6月20日 第1刷発行

著　者　N・T・ライト
訳　者　島先克臣
発行者　小渕春夫
発行所　あめんどう
〒101-0062 東京都千代田区神田駿河台 2 - 1 OCC
www.amen-do.com
電話 03-3293-3603 FAX 03-3293-3605
装　丁　吉林 優
ISBN978 - 4 - 900677 - 44 - 9
印刷 モリモト印刷
2023 Printed in Japan